15.–

Nina Larisch-Haider · Füreinander bestimmt

Nina Larisch-Haider

Füreinander bestimmt

Wie Sie Ihren Seelenpartner finden

Kösel

Druck und Bindung: Kösel, Kempten
Umschlag: Bine Cordes, Weyarn
Umschlagfoto: BAVARIA / After Image
ISBN 3-466-30303-6

1 2 3 4 5 6 · 95 94 93 92 91 90

Dieses Buch widme ich meinem Mann Peter, meinem Seelenpartner, durch den ich mit dem Thema der Seelenpartnerschaft überhaupt erst in Berührung gekommen bin.

Durch *meine* Liebe zu ihm kann ich dem Leben mit mehr Fülle, Offenheit und Wärme begegnen und erstmals Gott in meinem Leben zulassen. Durch *seine* Liebe bekomme ich die Kraft, die ich brauche, um in meiner Lebensaufgabe, Menschen zur Liebe zu führen, nie zu ermüden.

Ich danke meinen Freunden Diana, Sabine, Cornelia, Christian, Günther und meinen Töchtern Sarah und Laura für ihre Liebe und ihre tätige Hilfe, so daß dieses Buch neben meinen vielen anderen Aufgaben entstehen konnte.

Ich danke auch meiner Lektorin Dagmar Olzog und meinem Verleger Dr. Christoph Wild, die die Veröffentlichung möglich machten.

Nina Larisch-Haider

Inhaltsverzeichnis

Vorwort von Peter Larisch 9

Einleitung 11

I Wachstum · Liebe · Partnerschaft 17

Die Suche 18
Auf der Suche nach der Liebe 23

Was ist Liebe? 25
Ist Verliebtheit auch Liebe? 40
Irrtümer über die Liebe 43

Die Suche nach einem Partner 45
Der Partner als Lernchance 49
Der »richtige« Partner 53
Der Seelenpartner 56

II Die Kunst, den Seelenpartner zu finden . . . 59

Die Vorbereitung 60
Die Reinigung 63

1. Schritt: Vorstellungen und Bilder vom Idealpartner loslassen 63
2. Schritt: Die alten Geschichten loslassen 66
3. Schritt: Lebensumstände, die keine Freude machen, loslassen 72
4. Schritt: Falsche Partnerschaftskonzepte loslassen 74

Die Kräftigung 83

5. Schritt: Wieder zum inneren Lernen finden ... 83
6. Schritt: Sich selbst (wieder) lieben lernen 90
7. Schritt: Sich selbst verzeihen 96
8. Schritt: Auf die innere Stimme hören lernen .. 99

Verbindung zum Seelenpartner herstellen 103

9. Schritt: Dem Seelenpartner in sich Raum schaffen 103
10. Schritt: Die Sehnsucht nach dem Seelenpartner zulassen 106
11. Schritt: Kontakt mit dem Seelenpartner aufnehmen 108
12. Schritt: Die Vision finden 109

Das Ziel bekräftigen 114

13. Schritt: Ich will meinen Seelenpartner treffen .. 114
14. Schritt: Leitsätze auf dem Weg zu meinem Seelenpartner 118

Die Seelenpartnerschaft 120

Schlußwort oder Die Kunst, eine Partnerschaft zu führen 124

Begriffsklärungen 129

Literaturverzeichnis 141

Vorwort von Peter Larisch

Ob Sie sich in Sehnsucht nach Ihm oder Ihr verzehren oder ob Sie nur in Ihrem geheimsten Kämmerchen bemerkt haben, daß Ihnen irgend etwas fehlen könnte – auf jeden Fall zeigt der Griff nach diesem Buch, daß Sie ein Suchender sind. Einerlei, was Sie treibt, die Tatsache, daß Sie suchen, ist die Eintrittskarte dafür, daß Sie vielleicht doch eines Tages ans Ziel Ihrer Sehnsüchte gelangen!

Vielleicht geht es Ihnen so wie mir: Die alles bestimmende Kraft in meinem Leben war lange Zeit die Jagd nach der Richtigen! Und jedesmal wieder hatte ich in der Verliebtheit der ersten paar Tage die Illusion, am Ziel meiner Wünsche zu sein. Aber meistens kamen mir dann zwei Dinge in die Quere: Erstens die schleichende Gewißheit, daß diejenige doch nicht diejenige welche war; zweitens – ich. Der erste Punkt desillusionierte mich jedesmal ein Stück mehr, zumal ich noch gar nicht wußte, daß es diejenige überhaupt gibt. Mit dem zweiten Punkt schlug ich mich mit wechselndem Erfolg herum – mal durch den Druck der ehemals Angebeteten motiviert, mal eher durch die eigene Not getrieben.

Heute weiß ich, daß keiner um den zweiten Punkt herumkommt, sich mit sich selbst auseinanderzusetzen. Aber ich weiß heute auch, daß es die- bzw. denjenigen gibt, dem die Suche gilt. Diese Harmonie, die Freude, die Einfachheit und die Liebe, die ich mit Nina seit Anfang erlebe, machte mich zuerst zutiefst mißtrauisch, da ich so etwas nur im Film vermutete, und auch heute kann ich mein Glück noch immer nicht ganz fassen. Und das sollte uns doch Grund genug sein, den Weg zu gehen, für den wir bestimmt sind: zu wachsen und dadurch uns und den Rest der Welt immer mehr zu lieben! Zumal mir das als die einzige Möglichkeit erscheint, das Ziel der Wünsche zu erlangen! Und ich bin mir sicher, daß auch Sie von der Frau eine Menge profitieren können, durch die ich so glücklich geworden bin!

Einleitung

Fast alle Menschen, die ich kenne, oder denen ich jemals begegnet bin – wahrscheinlich auch Sie – sehnen sich nach einem ganz bestimmten Partner, bei dem sie sich dauerhaft niederlassen wollen. Sie sind – offen oder versteckt – auf der *Suche* nach *diesem* Menschen, ohne wirklich zu wissen, *wen* sie da suchen, *wo* sie ihn finden und *woran* sie ihn erkennen können. Sie wissen nur, daß es der oder die »Richtige« sein muß.

Wenn man jedoch etwas *finden* will, muß man zuerst wissen, was man eigentlich sucht. *Aber was tun, wenn man nicht einmal weiß, daß es den, den man sucht, überhaupt gibt?*

Nur wenige Menschen wissen, daß ihr sehnsüchtiges Suchen einer tiefen, nicht bewußten inneren Wahrheit entspringt und ihrem Seelenpartner gilt. Noch weniger Menschen wissen überhaupt um die Existenz eines solchen Partners, da dieses Wissen bisher nur einigen wenigen zugänglich war. Dadurch konnten sich auch erst wenige Seelenpartner treffen.

Da ich meinen Seelenpartner gefunden habe und mit ihm das Glück erlebe, wonach ich mich so viele Jahre gesehnt habe, möchte ich möglichst vielen Menschen vermitteln, daß ihr Sehnen nach dem richtigen Partner Erfüllung finden kann. Das war auch mein Motiv, dieses Buch zu schreiben.

Ich wünsche allen, die von meiner Botschaft hören und sich davon angesprochen fühlen, von ganzem Herzen, daß sie sich auf den Weg machen, um sich so zu entwickeln, daß sie ihren Seelenpartner treffen können. Das ist deswegen so wichtig, weil die Seelenpartnerschaft als Wachstumsbezie-

hung angelegt ist, und wir unserem Seelenpartner meistens erst dann begegnen, wenn wir in der Lage sind, eine fruchtbare Beziehung führen zu können. Und fruchtbar kann nach meiner Erfahrung eine Beziehung nur dann werden, wenn beide Partner gewillt sind, miteinander zu wachsen.
Neben meinem Wissen um die Seelenpartnerschaft will ich Ihnen Hoffnung und Mut machen, daß auch Sie Ihren Seelenpartner finden können. Außerdem möchte ich Ihnen aufzeigen, welche inneren Haltungen und Einstellungen nötig sind, damit eine Beziehung blühen kann.
Wer nicht nach seinem Seelenpartner suchen will, weil er nicht an seine Existenz glauben kann, wird neue Möglichkeiten kennenlernen, seine Beziehungen glücklicher zu gestalten, so daß beide Partner wachsen können, anstatt mit der Zeit an Kraft und Ausdruck zu verlieren.
Diejenigen, die vielleicht aus Enttäuschung die Suche nach einem Partner aufgegeben haben, können mit Hilfe meines Buches herausfinden, was sie zu ihren Enttäuschungen beigetragen haben und Verantwortung dafür übernehmen. Dadurch könnten sie neuen Mut gewinnen, sich wieder Partnern zuzuwenden.
Durch die Gedanken meines Buches und die Gefühle, die dadurch in Ihnen ausgelöst werden, haben Sie die Chance, sich selbst mehr zu finden, sich anzunehmen und zu lieben sowie an Ihrem eigenen Glück interessierter zu werden.

Außerdem: Wie können Sie *ihn* finden, wenn Sie sich selbst noch gar nicht gefunden haben? Und wie können Sie mit *ihm* glücklich sein, wenn Sie mit sich selbst gar nicht glücklich sind? Oder wie können Sie es schaffen, von *ihm* geliebt zu werden, wenn Sie sich selbst gar nicht lieben?

Zögern Sie nicht, sich für Ihr Wachstum zu entscheiden und vergessen Sie nie, daß *Sie* die Hauptperson in Ihrem Leben sind. Geben Sie sich alles, was Sie dazu brauchen.

Eine Anmerkung für die männlichen Leser: Ich habe dieses Buch natürlich auch für Sie geschrieben – auch wenn im Text dieses Buches nur von dem Partner die Rede ist und an keiner Stelle von der Partnerin. Ich habe jedoch davon Abstand genommen, weil ich fand, daß das Fließen des Textes darunter gelitten hätte.
Nehmen Sie mir dies also nicht übel und denken Sie sich, wenn Sie wollen, das »-in« jeweils dazu.

Mein Standort, von dem aus ich dieses Buch geschrieben habe

1. Die *Liebe* ist die einzige wahre Kraft, die uns Erfüllung bringt und uns über uns hinaus wachsen läßt. Die Stärke unserer Liebe hängt von unserer Offenheit ab. Um die Liebe in uns dauerhaft zuzulassen, oder um zu ihr zurückzufinden, bedarf es eines ständigen Bewußtseinsprozesses. Je mehr Liebe wir in alle Bereiche unseres Lebens fließen lassen, desto glücklicher sind wir.
2. Wir sind auf diese Welt gekommen, um unser Sein in den verschiedensten Formen und Rollen zu erfahren und zu genießen und uns dabei weiterzuentwickeln. Das größte Wachstum ist für uns dann möglich, wenn wir uns an den Fluß der Liebe anschließen, wodurch wir zu »Grenzüberschreitern« werden: denn nur die Liebe überwindet alle Grenzen und Gegensätze.
3. Beziehungen, insbesondere Partnerschaften, die das Wachstum der Partner als Ziel haben, sind die Hauptquelle für unsere Selbsterkenntnis und unser inneres Wachstum. Sie sind Lernfelder von allergrößtem Wert – besonders natürlich die Mann-Frau- Beziehung.
   Es wird Zeit, daß wir sie wieder als solche entdecken und uns die Haltungen und Einstellungen erarbeiten, die ein gemeinsames Lernen mit Freude und Leichtigkeit möglich machen.
4. Die Seelenpartnerschaft ist die Krönung der Mann-Frau-Beziehung. Sie ist die größte Herausforderung für unser Wachstum und die beste Möglichkeit für unsere innere Heilung und Entwicklung.
   Diese Partnerschaft verlangt von beiden Partnern eine bestimmte Reife und Vorbereitung.

Unser Leben ist eine einzige Suche

I
Wachstum
Liebe
Partnerschaft

Die Suche

Wir Menschen *suchen* unser ganzes Leben lang nach den verschiedensten Zuständen und Dingen wie Glück, Liebe, Geld, Besitz, Abenteuer, Macht, Herausforderungen, Anerkennung oder gewissen Menschen, nach unserer Berufung, dem richtigen Ort, an dem wir uns niederlassen wollen, Begebenheiten und Situationen, die uns bestimmte Gefühle vermitteln.
Viele von uns werden dabei von Unzufriedenheit oder dem Hunger nach Anerkennung oder Liebe getrieben. Andere fühlen in sich die Sehnsucht nach mehr Tiefe und Fülle in ihrem Leben; wieder andere tragen den Wunsch nach ständiger Veränderung in sich, sie wollen Grenzen erfahren und überschreiten, den Sinn des Lebens herausfinden. Jeden bringt ein anderes Motiv auf die Suche. *Doch welche Kräfte stecken dahinter?*
Jeder Mensch hat einen sterblichen und sichtbaren Körper und gleichzeitig einen unsterblichen und unsichtbaren Teil: seine Seele.
Die Seele ist eine von Gott erschaffene unsichtbare Licht-Energie, die von hellsichtigen Menschen als pulsierender Lichtkegel beschrieben wird.
Sie existiert selbständig im Universum und ist mit Bewußtsein ausgestattet und auf Wachstum angelegt. Dadurch trägt sie das Bestreben, Erfahrungen zu machen und Erkenntnisse zu sammeln, in sich, um an Bewußtheit, Energie und Strahlkraft zuzunehmen.
Die Seele entscheidet sich auf unseren Planeten Erde zu kommen, weil sie hier die Erfahrung machen kann, was es heißt, ein Mensch zu sein und weil sie die Möglichkeit hat,

daran zu wachsen. Um diesen Lernprozeß zu vertiefen, kann sie immer wieder auf die Erde zurückkehren und sich bei jedem Mal einen neuen Körper mit einer anderen Geschichte aussuchen. Diesen Prozeß der Wiederkehr nennt man Wiedergeburt oder Reinkarnation.
Während der Lebensspanne eines Menschen ist die Seele mit dem jeweiligen Körper eng verbunden. Stirbt der Körper, verläßt ihn die Seele nach einigen Stunden oder Tagen. Aber auch umgekehrt: Verläßt die Seele den Körper, stirbt der Körper. Da die Seele unsterblich ist, existiert sie jedoch weiter und sucht sich ein neues Erfahrungsfeld. Entweder kommt sie auf die Erde zurück oder sie sucht sich einen anderen Platz im Universum, wobei sie eine Unmenge an Auswahlmöglichkeiten hat.
Bereits bei der Zeugung eines Kindes gesellt sie sich zu dem werdenden Leben und bleibt bei diesem Menschen bis zu seinem Tod. Erst die Anwesenheit der Seele macht den Menschen zum Menschen, denn ohne sie kann er nicht existieren und würde wahrscheinlich auch nicht zu höheren Idealen streben.
Was uns also vorantreibt, sind die Kräfte unserer Seele. Eine dieser treibenden Kräfte ist der Wunsch der Seele nach Vollendung ihres Seins – und damit unseres Seins. Sie will uns zu unserem vollen, in uns angelegten Potential führen. Diese Kraft kann man mit der unbändigen Lebenskraft eines Samenkorns vergleichen, das alle Informationen seiner zukünftigen Form, Heilkraft usw. in sich trägt und diese zu verwirklichen beginnt, sobald es mit der Erde in Kontakt kommt.
Mit jedem Leben kommen wir dieser Vollendung ein Stück näher. So suchen wir immer weiter nach neuen, anderen oder tieferen Erfahrungen, an denen wir wachsen können – auch wenn uns das nicht immer bewußt ist.
Es ist deshalb sehr wichtig, uns dem Fluß des Wachsens, der ganz natürlich mit den entsprechenden Lernangeboten auf uns zukommt, nicht zu widersetzen. Erst wenn wir

begreifen, daß wir – wie die übrige Schöpfung – zum Wachsen angelegt sind, können wir unsere Wachstumsangebote in Form von Menschen, Situationen usw. bewußt erkennen, sie dankbar annehmen und sie für uns nutzen.
Somit stehen wir in einem andauernden Wachstumsprozeß, der uns unserer Vollendung immer näherbringt. Er wird nur dann schmerzhaft für uns, wenn wir uns den nötigen und anstehenden Lernschritten verweigern, indem wir sie nicht erkennen wollen, sie ignorieren, ablehnen oder auf die lange Bank schieben.
Das Tempo dieses Wachstumsprozesses bestimmen wir durch die Energie, die wir diesem Prozeß geben, selbst. Verweigern wir uns dem Lernen in einer bestimmten Problematik, »serviert« uns das Leben die gleiche Lektion solange, bis wir bereit sind, sie zu lernen.

Vielleicht fragen Sie sich auch manchmal, warum erlebe ich das gleiche immer wieder?

Ich bin mir sicher, daß viel Leid und Kummer auf dieser Erde vermieden werden könnten, wenn der Wachstumsgedanke – der in der Wirtschaft ganz normal ist – in unser gesamtes Denken und Tun Einlaß finden würde.

Eine weitere treibende Kraft unserer Seele, die uns ebenfalls zum *Suchen* bringt, ist die tiefe Sehnsucht nach unserem Seelenpartner, den wir finden wollen und dessen Bild unsere Seele gespeichert hat. Dieses Wissen um den Seelenpartner hat jeder Mensch, wenn auch meist unbewußt. Unsere Sehnsucht erinnert uns immer wieder an dieses versteckte Wissen.

Unsere ganze Partnersuche wird durch diese Sehnsucht bestimmt und vorangetrieben. Sie führt uns in Beziehungen hinein und auch wieder hinaus, wenn unsere Sehnsucht mit dem jeweiligen Partner nicht gestillt werden kann. Für uns – unbewußt – ein Zeichen, daß dieser Partner nicht unser Seelenpartner ist.

Auf dieser Suche begegnen wir den verschiedensten Menschen und Situationen, die uns alle zum Lernen einladen. Nehmen wir diese Einladungen an, werden wir von Beziehung zu Beziehung, von Jahr zu Jahr, beziehungs- und liebesfähiger, und genau das ist die Vorbereitung für die Begegnung mit unserem Seelenpartner.

Wer liebt
wächst,
wer geliebt wird,
kann wachsen.

Auf der Suche nach der Liebe

Von der Sehnsucht getrieben, machen wir uns auf die *Suche* nach dem Menschen, der für uns bestimmt ist und begeben uns damit auf die Suche – wenn auch unbewußt – nach der Liebe.

Auf unserem Weg verweilen wir immer wieder bei Menschen, in die wir uns verlieben, die wir gerne mögen oder die wir lieben (wollen), ohne zu wissen, daß die Liebe unsere Bewußtheit verlangt und ohne das Miteinander und den Dialog mit einem Partner gelernt zu haben.

Leider machen wir immer wieder die Erfahrung, daß das Verliebtsein nicht anhält oder sind enttäuscht, daß sich der andere als jemand »entpuppt«, der unseren Erwartungen nicht entspricht, daß sich die Liebe nicht von alleine einstellt und die Beziehung oftmals bald endet.

Aber auch wenn wir es schaffen, nach der Verliebtheit zur Liebe zu finden, stellen sich häufig Konflikte ein, die wir nicht gelernt haben zu bewältigen. Das Miteinander wird dann mit der Zeit schmerzhaft, so daß es uns mehr Kraft kostet als es uns gibt. *Vergeblich warten wir auf das große Glück. Woher kommt das?*

Der Grund dafür ist, daß einer oder beide nicht wissen, daß eine gute Beziehung kein fertiges Produkt ist, sondern das Ergebnis eines ständigen Lernprozesses. Dieser Prozeß verlangt von uns, daß wir uns offen und ehrlich begegnen und die Hindernisse, die unserer Liebe und der Beziehung im Wege stehen, gemeinsam bearbeiten. Eine wichtige Voraussetzung dafür ist, daß jeder der Partner aufhört, dem anderen die Schuld zu geben, wenn in der Beziehung Probleme auftauchen, damit jeder *seine* Muster und Verhaltensweisen erkennen kann, die die Beziehung stören. Natürlich lernt man das nicht von heute auf morgen. Sind jedoch beide zum Lernen und Lieben bereit, können sie eine tiefe Partnerschaft erleben, in der die Liebe anhält und beide sich entwickeln.

Aber was ist denn überhaupt die Liebe – und was gibt es da zu lernen?

Was ist Liebe?

Über kaum ein Thema ist soviel nachgedacht und geschrieben worden, wie über die Liebe. Es gibt so viele Vorstellungen von der Liebe wie es Menschen gibt. Da sich die Liebe nicht objektiv erfassen läßt, kann sie jeder nur von seinem Ort der Entwicklung aus beschreiben. Letzten Endes bleibt sie jedoch für uns unfaßlich, da sie jenseits unseres Verständnisses liegt, und doch ist jede Beschreibung wie ein Mosaikstein, der sich zum Ganzen fügt.
Auch meine Sichtweisen von der Liebe sind subjektive Beschreibungen, wie sich die Liebe von meinem Ort der Entwicklung und als liebender Mensch darstellt, wie ich sie empfinde, was sie mit mir macht und was ich bei anderen Menschen gesehen habe.

Die Liebe hat so viele Gesichter und ist so vielfältig und vielschichtig, daß wir sie nie ganz verstehen werden. Wir können sie jedoch in dem Maße mehr und mehr erfassen, je mehr wir selber lieben. Denn die Liebe versteht nur der, der in Liebe ist oder die Liebe schon einmal erlebt hat. Derjenige, der die Liebe eines Tages ganz begreift, ist bei Gott angekommen, denn der Weg zu Gott ist die Liebe. Tatsächlich fällt es uns immer schwerer, *nicht* an Gott zu glauben, je mehr wir lieben.
Die Liebe ist für jeden Menschen die größte Bereicherung in seinem Leben. Sie ist so lebensnotwendig für unser Glück und unser Wachstum, wie der Atem für unseren Körper.

Doch was ist sie?

Die Liebe ist eine kosmische Energie, die – wie die Atemluft – in alles einfließt, was sich ihr öffnet. Deswegen läßt sich die Liebe auch erleben, wenn man alleine ist. **Erinnern Sie sich an Momente, in denen Sie sich ganz offen gefühlt**

haben, zum Beispiel in der Natur und ein totales Glücksgefühl erlebt haben? Das war die Liebe, die Sie gefühlt haben.
Das einzige, was wir tun können, um mit der Liebe in Kontakt zu kommen und sie zu spüren, ist, uns für sie zu öffnen und uns offen zu halten. Diese Liebes-Energie steht uns unbegrenzt und in dem Maße zur Verfügung, wie wir uns ihr öffnen und offen bleiben können.
Richten wir in einem Zustand der Offenheit unsere Aufmerksamkeit auf einen Menschen und sind wir, aufgrund unserer Bewußtheit über uns selbst in der Lage, diesen Menschen mit all seinen Licht- und Schattenseiten und Eigenarten wirklich zu *sehen*, lieben wir ihn, solange wir es schaffen, offen zu bleiben. Verschließen wir uns aus irgendeinem Grund, ist die Liebe »weg«. Wollen wir zu unserer Liebe wieder zurückfinden, müssen wir bereit sein, uns wieder zu öffnen und die nötigen Bewußtseinsschritte dafür zu machen.
Dieser Prozeß des Sich-wieder-Öffnens ist nicht immer leicht und erfordert immer wieder neuen Mut und die Bereitschaft, etwas einzusehen, möglicherweise zu verzeihen und zu vergessen. Aber wie alles im Leben ist auch das eine Frage der Übung. Je öfter wir uns entschließen, uns wieder zu öffnen, wie schwer es uns auch fällt, desto einfacher wird es, bis wir uns eines Tages gar nicht mehr verschließen »müssen«.
Je offener wir im Umgang mit anderen Menschen (oder Partnern) sind und das zeigen, was uns innerlich wirklich bewegt (nicht nur die schönen Seiten), und uns darin auch selbst wahrnehmen, desto mehr sind wir in der Lage zu lieben. Aber auch unsere Partner müssen für uns sichtbar werden, damit wir sie lieben können. *Denn wie kann man etwas lieben, was man gar nicht sieht?* Zwei Menschen können sich nur dann wirklich lieben, wenn sie sich füreinander öffnen und dabei jeweils für den anderen sichtbar werden. Ihre gegenseitige Offenheit bestimmt die Stärke ihrer Liebe.

Was ist die Liebe noch?

Liebe ist Sehen.

Liebe ist Geben.

Liebe ist Nehmen.

Liebe ist immer ein Mehr.

Liebe ist das, was glücklich macht.

Liebe ist ein Licht, das leuchtet. Wo immer dieses Licht hinfällt, wird es heller, wärmer und ehrlicher.

Liebe ist ein Strahlen nach allen Seiten.

Liebe ist das Leuchten in der Nacht.

Liebe ist die Handschrift, mit der etwas geschrieben wird.

Liebe ist der einzige Weg, der das Sein erweitert.

Liebe ist die einzige Kraft, die seelische Wunden heilt.

Liebe ist Grenzüberschreitung.

Liebe ist das Über-sich-Hinausschauen.

Liebe ist der Blick auf das Ganze.

Liebe ist die Bereitschaft, sich jederzeit in Frage stellen zu lassen.

Liebe ist eine Haltung (zum Beispiel: ich zeige mich dir so wie ich wirklich bin).

Liebe ist das Bestehenlassen des anderen.

Liebe ist das Annehmen des anderen.

Liebe ist eine Farbe
ein Wille
ein Klang
eine Kraft

Ich liebe heißt:
Ich bin offen.
Ich liebe dich heißt:
Ich bin offen für dich.

Was braucht die Liebe?

So wie die Pflanze einen bestimmten Boden, bestimmte Klimaverhältnisse und einen Gärtner braucht, der sich um sie kümmert und an ihrem Wachstum interessiert ist, damit sie wachsen und blühen kann, so braucht auch die Liebe einen Boden und ein bestimmtes Klima und jemand, der über sie wacht, sonst geht sie ein, wie eine Pflanze.

Welchen Boden braucht die Liebe?

das Ziel zu lieben	Ich bin ein freier Mensch. Du bist ein freier Mensch. Ich will lieben. Wenn ich das nicht tue, will ich zu meiner Liebe zurückfinden.
Freiheit	
Gleichheit	Ich will für meine Liebe alles tun, was in meiner Macht steht.
Ernsthaftigkeit	Ich spiele nicht mit meiner Liebe.
Verzicht auf Macht	Ich werde dir meine Liebe weder entziehen, um dich zu erziehen, zu beherrschen oder dir meine Ablehnung zu zeigen. Ich bin nicht besser und nicht schlechter als du.

Mit Menschen
zusammen zu sein,
heißt:
sich gemeinsam der Liebe
immer mehr zu öffnen
und an dem zu arbeiten,
was der Liebe
im Wege steht.

	Ich sage JA zu dir.
JA	Ich bin offen und ehrlich mit dir, ich zeige dir alles, auch wenn ich dich gerade nicht liebe oder ablehne. (Wenn ich das noch nicht kann, bemühe ich mich, das zu lernen.)
Offenheit	Ich bin ganz da, wenn ich mit dir bin – im Hier und Jetzt.
Mut	Ich bemühe mich, dir mit Wärme und Verständnis – ohne zu schauspielern – entgegenzukommen.
Bemühen	Ich will dich sehen und dich annehmen, wie du bist.
Lernen	Ich übernehme Verantwortung für meine Probleme.
Verantwortung	Ich will mich mit dir über alles austauschen und in Kontakt bleiben.
Wärme	Ich will dir vertrauen und mich dir anvertrauen.
Vertrauen	
Bewußtsein	
Alles, was ich noch nicht kann, will ich lernen.	

Unoffenheit

Macht

Bestrafung

Schuld

Zwang

Bedingungen

Forderungen

Ich weiß nicht, ob ich dich will

Ich zeige dir nicht alles von mir, es könnte mir Nachteile bringen, aus dem gleichen Grund heraus bin ich auch nicht ehrlich.

Du darfst nicht sehen, wie ich wirklich bin.

Ich reagiere nicht auf dich.

Ich habe keine Probleme, sondern nur du.

Ich erlaube dir keine »negativen« Gefühle.

Du darfst mir nur sagen, was ich hören will.

Ich entziehe dir meine Liebe, wenn du so bist, wie ich dich nicht haben will.

Ich strafe dich mit Liebesentzug, wenn du mir nicht »folgst«.

Ich will nur deinen Körper.

Ich will hauptsächlich etwas haben.

Ich stelle Bedingungen an meine Liebe.

Du bist Schuld, wenn wir Schwierigkeiten haben.

Es geht nur um mich.

Die Liebe ist immer ein Geschenk und sie verwandelt alles, was von ihr berührt wird.

Sie hat nichts zu tun mit:

Verliebt-sein
Lieb-sein
Artig-sein
Höflich-sein
Zurückhaltend-sein
Hilfsbereit-sein

An welchen Orten kann man die Liebe nur selten finden (oder gar nicht)?

Wo keine Kritik erlaubt ist.
Wo keine negativen Gefühle gezeigt werden dürfen.
Wo keiner seine Probleme zeigt.
Wo man Nähe vermeidet.
Wo Schuld verteilt wird.
Wo Konkurrenz herrscht.
Wo alles in gut und schlecht eingeteilt wird.
Wo man sich und den anderen einengt oder in seinem Ausdruck beschneidet.
Wo Macht herrscht.

Gibt es Erkennungszeichen für die Liebe?

JA

Wenn man selber liebt:

Man wird heller, wärmer, offener, mutiger, kreativer, schöner, interessierter.
Unsere Sicht von der Welt verändert sich und die Welt spiegelt uns mit den unterschiedlichsten Zeichen unsere Liebe (Gesten, Blicken usw.).

Wenn ein anderer liebt:

An seinem Strahlen, seinem Schönerwerden, seinem Erblühen auf allen Gebieten.

Liebe schließt ein – nicht aus.
Wo Liebe ist, ist immer Lernen.
Wo Liebe ist, ist Freiheit.
Wo Liebe ist, ist Leichtigkeit.
Wo Liebe ist, ist Freiwilligkeit, Wachheit, Fülle.

Der Liebe verschlossen

Viele Menschen haben sich schon in sehr jungen Jahren – einige sogar schon als Baby –, andere erst als Erwachsene, aufgrund von seelischen Schmerzen, Grausamkeiten, Enttäuschungen oder körperlichen Mißhandlungen, die sie durch andere Menschen erlebt haben, mehr oder weniger verschlossen. Zu diesem Zeitpunkt wußten sie jedoch nicht, daß sie sich damit auch der Liebe verschlossen haben.
Wenn diese Menschen nicht um ihre Verschlossenheit wissen oder sie nicht wahrhaben wollen, verwechseln sie meist Liebsein und liebevolles Verhalten mit Liebe und merken gar nicht, daß sie nicht mehr lieben.
Sollten Sie feststellen, daß Sie zu diesen Menschen gehören, ist es sehr wichtig, daß Sie sich Ihre Verschlossenheit ganz bewußt machen und auch die Geschichte, die dazugehört. Vielleicht spüren Sie dabei, wie schmerzhaft es ist, nicht mehr zu lieben oder möglicherweise gar nicht mehr zu wissen, wie es sich anfühlt zu lieben.
Da sich jeder Mensch aus anderen Gründen verschlossen

hat, brauchen auch Sie ganz individuelle Schritte, um diese Geschichte aufzuarbeiten. Der erste Schritt dazu ist, daß Sie in sich den Wunsch entwickeln, sich wieder zu öffnen, um die Liebe erfahren zu können.

Sobald Sie diesen Wunsch in sich entwickelt haben, werden Sie viele Methoden und Techniken entdecken, sich der Liebe wieder zu öffnen. Auch in meinem Buch werden Sie dazu wichtige Anregungen und praktische Übungen finden.

Gelebte Liebe
ist gelebte
Wahrheit.

Der Weg der Liebe, auch der Weg des Herzens genannt, ist ein Bewußtseinsweg. Er hat zum Ziel, uns selbst und alles, was uns umgibt, bedingungslos zu lieben. Dazu gehören nicht nur die Menschen, sondern die ganze Natur mit allen Lebewesen und Pflanzen, das Universum, Gott und auch die Dinge um uns herum, die wir uns erschaffen. Dieser Weg ist ein sehr organischer Weg, da wir uns ganz dem Fluß des Lebens hingeben können und uns nicht vom Leben in irgendeiner Form abwenden müssen.
Viele Menschen glauben allerdings nicht an die bedingungslose Liebe, weil sie kaum jemanden kennen, der ohne Bedingungen liebt und weil sie selbst – meist schon in jungen Jahren – sehr viel Lieblosigkeit erfahren haben. Andere lehnen die bedingungslose Liebe ab, weil sie befürchten, dann kein Macht- oder Erziehungsmittel mehr an der Hand zu haben. Sie vergessen dabei jedoch, wie schmerzhaft der Liebesentzug für sie selbst ist, denn *sie* müssen sich ja der Liebe verschließen, um andere nicht mehr zu lieben.
Wenn wir uns für den Weg der Liebe entschieden haben, der beinhaltet, alles lieben zu lernen, was wir noch nicht lieben können, ergeben sich unsere Lernaufgaben wie von selbst:
Jedesmal, wenn uns etwas begegnet, das wir nicht lieben können, haben wir die Möglichkeit herauszufinden, aus welchen inneren Gründen wir uns von der Liebe abwenden oder weshalb wir sie nicht (mehr) in uns zulassen. Aufschlußreich ist auch, wie wir unser Nicht-Lieben vor uns selbst rechtfertigen. Auf diese Weise können wir unsere innere Struktur erkennen, mit der wir der Welt begegnen und die uns davon abhält, bedingungslos und dauerhaft zu lieben.
Nehmen wir einmal an, Sie lieben jemand nicht oder entziehen ihm Ihre Liebe, weil Sie ihn geizig finden. **Wie könnten Ihre inneren Gründe in diesem Fall aussehen?**
Möglicherweise sind Sie selber geizig, haben das jedoch bisher »erfolgreich« bei sich verdrängt, deshalb müssen Sie

jetzt den anderen ablehnen, der Ihnen diese Eigenschaft so deutlich vor Augen führt. Oder Sie sind zwanghaft großzügig, weil Sie vor anderen nicht geizig »erscheinen« wollen. Vielleicht sehen Sie auch bei sich, daß Sie alles, was andere tun in »gut« oder »schlecht« einteilen und alles ablehnen, was nach Ihrem Wertsystem »schlecht« ist. Oder Sie stellen fest, daß Sie einen Menschen nur dann lieben wollen, wenn er Ihren Vorstellungen entspricht.

Sie sehen, es gibt alle möglichen inneren Gründe, um sich der Liebe zu verschließen. In dem Moment, in dem Sie den Grund für Ihre Ablehnung erkannt und gesehen haben, welche Verbindung Ihre Ablehnung mit Ihnen selber hat, wird sich Ihr Blick für sich selbst und den anderen erweitern und Sie werden die Lektion erkennen, die durch den »Geizhals« auf Sie zugekommen ist. – Vielleicht ist es notwendig, daß Sie Ihren eigenen Geiz entdecken und akzeptieren (ohne sich an ihm festzuhalten). Oder daß Sie sich die Sicht erarbeiten, daß Geiz und Großzügigkeit bei allen Menschen vorkommen, oder daß Sie beginnen zu begreifen, daß jede Eigenschaft mit einer bestimmten Geschichte verbunden ist, die Sie nicht kennen.

Wenn Sie Ihre Lektion gelernt haben, werden Sie sich und Ihren geizigen Mitmenschen ein Stück mehr verstehen und akzeptieren können, was Ihre Liebesfähigkeit erhöhen wird. Sie werden sich diesem Menschen gegenüber wieder öffnen können und Liebe für ihn empfinden, ohne ihn verändern zu »müssen«. Die Folge davon kann durchaus sein, daß der andere gerade durch Ihre Liebe großzügiger wird. Also seien Sie großzügig mit Ihrer Liebe.

Indem Sie bereit sind, *sich* zu hinterfragen, wenn *Sie* nicht lieben, werden Sie immer deutlicher *erkennen* können, *wer* Sie sind und *wie* Sie auf Menschen und das, was Sie umgibt, reagieren.

Am Ziel dieses Weges angekommen, sind wir in der Lage, alles und jeden bedingungslos zu lieben und nichts und niemanden von unserer Liebe auszuschließen. Dann befinden wir uns wieder in der göttlichen Ordnung.

Viele Menschen
kommen bei der Liebe
nie an,
weil sie nach der Verliebtheit
suchen.

Ist Verliebtheit auch Liebe?

Viele Menschen glauben, daß das Verliebtsein eine Form der Liebe ist, da sich beide Zustände sehr ähnlich anfühlen und auch ähnliche Auswirkungen auf uns haben: plötzlich nehmen wir unsere Umwelt viel intensiver und positiver wahr.

Das Verliebtsein stammt jedoch aus einer ganz anderen Quelle wie die Liebe. Das Verliebtsein entspringt unserem Inneren, die Liebe hingegen der göttlichen Quelle.

Das Verliebtsein hat nur insoweit mit Liebe zu tun, als dieses unmittelbare Gefühl uns verführen soll, uns auf Menschen einzulassen und nach »mehr« zu suchen, nämlich nach der Liebe.

Die Verliebtheit ist eine Energie, die uns nur begrenzt zur Verfügung steht (wir können uns nicht jeden Tag verlieben), und die wir – ausgelöst durch einen Menschen oder ein Objekt – von einer Minute auf die andere in uns wachrufen können. Um uns verlieben zu können, müssen wir jedoch in der Lage sein, unsere Wertungen über den anderen kurzfristig aufgeben zu können. Deswegen verlieben sich auch manche Menschen, denen das leicht fällt, viel häufiger als andere.

Verliebtsein hat wenig mit dem anderen zu tun. Vielmehr bekommt man Zugang zu seinem eigenen Wesen und ist wie berauscht von sich selbst. Und genau das macht das Verliebtsein zu einem solch herrlichen Zustand.

Das Verliebtsein entsteht, indem wir unser positives Idealbild auf einen anderen Menschen projizieren und dann meinen, ihn zu lieben. Dabei sehen wir kaum die Realität des anderen, weil wir, um uns zu verlieben, die Begegnung mit dem anderen gar nicht brauchen. Aber auch wir müssen uns in dem, was wir sind, nicht zeigen. Dies kommt unseren Gesellschaftsnormen sehr entgegen, die eher zum Verstekken als zum Zeigen des eigenen Inneren, einladen. Erst wenn die Verliebtheit nachläßt oder aufhört, beginnen wir zu sehen, wie der andere wirklich ist. Das schockiert uns vor allem dann, wenn wir uns große Illusionen über den anderen gemacht hatten. Vielleicht kennen Sie bei sich oder bei Ihren Freunden den Ausspruch: »Wo habe ich denn da hingeschaut, als ich mich verliebt habe?«

Das Sprichwort »Liebe macht blind« beschreibt für mich genau den Zustand des Verliebtseins. Liebe ist es nicht, denn die Liebe verlangt, daß ich den anderen in seiner Realität sehe.

Im Gegensatz zur Verliebtheit ist die Liebe eine Energie, die uns unbegrenzt zur Verfügung steht – wir können nicht nur täglich lieben, sondern sogar bis zum Ende unseres Lebens. Vorausgesetzt wir öffnen uns ihr und lassen sie in unserem Leben zu.

Verliebtheit nimmt im Laufe der Zeit ab, die Liebe ist eine Kraft, die zunimmt, sich auf andere Menschen, Lebewesen und Dinge ausdehnt und mich in der allumfassenden Liebe wieder mit Gott verbindet.

Es ist wichtig und herrlich, sich zu verlieben, doch sollten wir dabei unser Ziel, *die Liebe*, nicht aus dem Auge verlieren. Viele Menschen kommen bei der Liebe nie an, weil sie nur nach der Verliebtheit suchen.

Jedoch: *Es gibt nichts Schöneres als zu lieben!*

Übrigens kann man auch jemanden lieben, *ohne* sich vorher verliebt zu haben.

Das Verliebtsein
ist keine
Notwendigkeit für die Liebe.

Irrtümer über die Liebe

Folgende Irrtümer über die Liebe sind weitverbreitet:

Irrtum Nr. 1. Verliebtsein ist Liebe.
Irrtum Nr. 2. Um zu lieben, muß man sich zuerst verlieben.
Irrtum Nr. 3. Man kann nur *einen* Menschen lieben.
Irrtum Nr. 4. Die Liebe hat eine ganz bestimmte Form – und nur die ist Liebe.
Irrtum Nr. 5. Wenn man eine Beziehung hat, liebt man automatisch.
Irrtum Nr. 6. Liebe fällt vom Himmel und bleibt nur eine ganz bestimmte Zeit.
Irrtum Nr. 7. Wenn die Liebe einmal weg ist, ist sie für immer weg.
Irrtum Nr. 8. Man kann nicht lernen zu lieben, entweder kann man lieben oder nicht.
Irrtum Nr. 9. Die Liebe ist da oder nicht da, das kann man selber nicht beeinflussen.
Irrtum Nr. 10. Liebe ist: tun was der andere will.
Irrtum Nr. 11. Liebe ist: Liebsein.
Irrtum Nr. 12. Liebe ist: Bravsein.
Irrtum Nr. 13. Liebe ist, wenn man in dem anderen nur »positive« Gefühle auslöst.
Irrtum Nr. 14. Guter Sex ist Liebe.
Irrtum Nr. 15. Ich kann nur lieben, wenn ich einen Partner habe.
Irrtum Nr. 16. Nur wenn ich geliebt werde, kann ich lieben.
Irrtum Nr. 17. Erst beim richtigen Partner kann ich lieben.
Irrtum Nr. 18. Man kann nicht jeden lieben.

Diese Glaubenssätze, die von uns kritiklos übernommen wurden und an denen sich die meisten Menschen orientieren, verbreiten falsche Sichtweisen von der Liebe.

Sie zeichnen das Bild einer begrenzten und begrenzenden Liebe, obwohl die Liebe ihrem Wesen nach grenzenlos ist. Es ist deshalb wichtig, diese Irrtümer zu erkennen, weil sie der Suche nach der Liebe und dem Umgang mit ihr nur allzuoft im Wege stehen und uns eher von ihr abhalten als zu ihr hinführen.

Was sind die augenscheinlichsten Botschaften dieser Glaubenssätze?

1. **Die Liebe braucht bestimmte äußere Bedingungen**
   Zum Beispiel: Nur wenn ich einen Partner habe, kann ich lieben.
   Die Wahrheit ist: Man kann jeden Menschen lieben und beliebig viele.
2. **Liebe erschöpft sich**
   Zum Beispiel: Man kann nur einen Menschen lieben.
   Die Wahrheit ist: Es ist eine Frage der eigenen Entwicklung, wieviele Menschen man lieben kann.
3. **Für die Liebe kann man nichts tun**
   Zum Beispiel: Liebe fällt vom Himmel und bleibt nur eine bestimmte Zeit.
   Die Wahrheit ist: Die Liebe kommt, wenn wir uns ihr öffnen und bleibt solange, wie wir offen bleiben.
4. **Lieben heißt, sich auf eine bestimmte Art zu verhalten**
   Zum Beispiel: Liebe heißt das zu tun, was der andere will.
   Die Wahrheit ist: Die Liebe verlangt kein bestimmtes Verhalten, sondern man nimmt bestimmte Haltungen ein, wenn man liebt – etwa: ich bin ehrlich mit dir –, aber nicht aus einem Zwang, sondern aus einer inneren Freiwilligkeit heraus.
5. **Du liebst schon, wenn du …**
   Zum Beispiel: Liebe ist Lieb-sein
   Die Wahrheit ist: Wenn man liebt, muß man nicht unbedingt lieb sein, sondern man zeigt alle seine Gefühle, nicht nur die »positiven«.

Die Suche nach einem Partner

Sobald wir uns konkret auf die Suche nach einem Partner begeben, vergessen wir völlig, daß wir eigentlich nach der Liebe suchen.
Gewohnt, alles außen zu suchen, was wir innerlich brauchen, gehen wir jetzt auf die Suche nach jemandem, der uns (rasend) begehrt, uns genügend Aufmerksamkeit gibt, unsere Bedürfnisse jederzeit befriedigt, uns bestätigt und anerkennt, uns unterhält und unterstützt, unsere Sorgen mit uns teilt, uns gegenüber nie negative Gefühle hat, mit dem wir keine Probleme haben und der sich nie von uns trennen will usw. Das Ganze heißt für uns: Geliebtwerden.
Da jedoch derartige perfekte Kandidaten, mit unseren Worten *richtige Partner*, nur selten zu finden sind, bescheiden wir uns eines Tages und nehmen halt »was kommt«. Oder wir sind schon froh, wenn nur einige Wünsche befriedigt werden, bleiben an Partnern »hängen«, obwohl wir nicht zufrieden sind oder sind unermüdlich auf der Suche und spielen das Spiel »Bäumchen wechsle dich«, um nur einige Varianten zu nennen.
Die Sehnsucht nach »mehr« Erfüllung bleibt jedoch mehr oder weniger bewußt in jedem von uns erhalten.
Kaum jemand sucht dagegen einen Partner, den *er* lieben will. Die Suche nach der Liebe wird zur Suche nach dem *richtigen Partner*.
Über diesen *richtigen Partner* hat jeder Mensch seine eigenen Vorstellungen und Bilder. Wir wissen jedoch selten, daß diese unseren eigenen Bedürfnissen und Wünschen meist

nur wenig oder gar nicht entsprechen, sondern stark geprägt sind durch unsere Eltern, Freunde und Bekannte, durch Bücher und Filme und natürlich durch unsere eigene Geschichte und den daraus resultierenden Erfahrungen.
So glauben die einen, daß der richtige Partner der ist, mit dem man nie streitet, weil in ihrer Familie nie gestritten wurde und Streit daher Angst auslöst (und sie konstruktives Streiten nicht kennen), oder weil ihre Eltern unentwegt gestritten haben und sie sich geschworen haben, niemals »so zu werden«. Andere glauben, daß es ein Partner sein muß, der einen bestimmten Beruf oder Bildungsstand hat, ein bestimmtes Aussehen, Alter oder Bankkonto, einfach weil sie nur einen solchen Menschen akzeptieren können. Wieder andere glauben, daß der richtige Partner der ist, in den man sich »unsterblich« verliebt, obwohl das überhaupt nichts aussagt (siehe Kapitel »Irrtümer über die Liebe«).
So hat jeder Suchende seine Bilder und Vorstellungen, wie sein Partner sein soll. Er glaubt, daß er nur dann glücklich werden kann, wenn er genau diesen oder zumindest einen ähnlichen Menschen gefunden hat.
Da es alle Menschen so machen, wissen wir gar nicht, daß uns diese Bilder und Vorstellungen auf der Partnersuche eher einschränken und behindern. Denn vielleicht sind die Partner, die für uns nicht »in Frage kommen« genau die Partner, die besser zu uns passen.
Hinzu kommt, daß viele Menschen in ihrem Elternhaus einen Mangel an Körperkontakt, Aufmerksamkeit, Anerkennung und Liebe erlebt haben. Ihr Partner soll ihnen nun (ungefragt) all das geben, was sie so lange vermissen mußten – ohne daß sie es selber geben können. *Nur was ist, wenn der entsprechende Partner denselben Mangel erlitten hat?*
In der gängigen Vorstellung ist demnach der richtige Partner der, der den Wünschen und Erwartungen am meisten entgegenkommt und der möglichst viel zu bieten hat.
Wir beginnen also unsere Partnersuche bereits im Teenager-Alter mit einem inneren Mangel, der aus der Erfahrung

resultiert, die wir als Kind mit der Liebe gemacht haben: übersteigerten Wünschen und Hoffnungen, einem Paket voller Illusionen, sowie sehr viel Unwissen und falschen Vorstellungen, wie eine Beziehung zu gestalten ist.
Wir wissen weder, daß man üben muß, in Beziehung zu sein, noch daß nicht jede Beziehung dauerhaft sein muß.
Wir lernen nicht, Beziehungen wieder loszulassen, die uns nicht »bekommen«. Und wir haben keine Werkzeuge an der Hand, mit den natürlicherweise auftretenden Konflikten umzugehen.
Kein Wunder also, daß unsere Partnerschaften aufgrund der schlechten Voraussetzungen sehr oft schwierig verlaufen und unglücklich enden. Viele Menschen werden dadurch von Partnerschaft zu Partnerschaft enttäuschter und verhärten sich mehr und mehr.
Doch was braucht es, damit Beziehungen glücklicher verlaufen?

Menschen
sehnen sich danach, für das,
was sie sind,
geliebt zu werden
und nicht für das, was sie
für uns tun.

Der Partner als Lernchance

Jeder Partner, der sich auf uns einlassen und mit uns gemeinsam wachsen will, ist für uns eine Lernchance (jeder andere Mensch natürlich auch!).
Sind wir bereit, mit unserem Partner ehrlich zu sein, können wir im Zusammenspiel gemeinsam erkennen, wer und wie wir sind und die Fähigkeiten entwickeln, die wir brauchen, um beziehungs- und liebesfähiger zu werden.
Zum Beispiel können wir entdecken, wie liebevoll wir schon sind, wieviel Verständnis wir für den anderen aufbringen können, wieviel wir bereit sind zu geben und anzunehmen, wieviel Kritik wir vertragen können und zu wieviel Interesse und Aufmerksamkeit wir fähig sind.
Wir erfahren, was uns aufregt, enttäuscht, kränkt oder traurig macht und wie wir mit den Reaktionen unseres Partners auf diese Gefühle und auf unser übriges Verhalten umgehen. Und wir erfahren gleichzeitig, wie wir auf das So-Sein des anderen reagieren: Was uns unter die Haut geht, was uns kalt läßt, was wir annehmen können, was wir ablehnen und wo wir Berührung zulassen.
Wir kommen in Kontakt mit unserem persönlichen Drama: Unsere alten Verletzungen werden uns bewußt. Wir erfahren unser daraus resultierendes Denken über Menschen und die Welt; welche Haltungen wir uns angeeignet haben, mit denen wir jetzt dem Leben begegnen (zum Beispiel: »Ich werde doch nur ausgenützt.«). Wir erleben unsere Muster im Kontakt mit dem anderen (zum Beispiel: »Ich habe Angst, zu kurz zu kommen.«).

Die Beziehung führt, wenn sie vom Bemühen um Offenheit und Ehrlichkeit getragen ist, unweigerlich zu unserem eigenen Kern, wodurch wir mehr Kontakt zu unserer inneren Wahrheit bekommen.
Bei diesem Erfahrungsprozeß ist der Austausch mit dem anderen am wichtigsten, und zwar über das, was in unserem Inneren vor sich geht. Ist dieser Austausch ganz im Fluß, werden wir die Beziehung zu unserem Partner immer neu und lebendig erfahren.
Es ist wichtig zu wissen, daß es zwischen Menschen immer Konflikte und Krisen geben wird. Man kann sie als Chance nutzen, gemeinsam ein Stück weiterzukommen, statt sich dadurch zu entfremden und sich schließlich zu trennen. Das ist allerdings nur dann möglich, wenn man das Ziel hat, in jedem Fall wieder zur Liebe zurückzufinden und die Bereitschaft, alles zu leben und auszudrücken, was dem Konflikt oder der Krise zugrundeliegt.
Es braucht viel Mut, um in einer Beziehung alles auszudrücken und zu leben, doch gerade dadurch wird die Beziehung zu einem lohnenswerten Prozeß, bei dem mit der Zeit immer klarer wird, welche alten Prägungen und Muster uns bestimmen, welche Haltungen uns im Wege stehen und womit wir nicht umgehen können. Daraus ergeben sich dann die jeweiligen Lernschritte, die wir uns gemeinsam erarbeiten.
Ebenso erfahren und lernen wir die Haltungen und Einstellungen, die für eine gute Beziehung förderlich sind, wie Dankbarkeit, Vertrauen, Verzeihen, Unterstützen und erfassen ihre Bedeutung im Miteinander. *Denn was ist alles theoretische Wissen wert, wenn man es nicht lebt?*

Auf dem Weg des gemeinsamen Lernens kann man viele Früchte ernten!

Wir fühlen uns geliebt, tief verstanden, gesehen und akzeptiert. Daraus erwächst ein Gefühl der Geborgenheit, das

weit über das körperliche Gefühl des Geborgenseins hinausgeht, verbunden mit einem Gefühl der Wärme und Freiheit. Wir kommen immer mehr in Harmonie mit uns selbst und dem anderen.
Unser Wesen kann so immer mehr zum Vorschein kommen und es tauchen Wesenszüge auf, die wir möglicherweise schon lange oder gar nicht mehr an uns kannten, wie Kontaktfreude, Sanftmut, Wißbegierde, Neugierde, Kreativität oder Leidenschaft und erfahren dadurch eine starke Verbundenheit mit uns selbst. Auch Talente und Anlagen kommen wieder ans »Tageslicht«. Manche fangen wieder an zu singen, zu tanzen, Bücher zu schreiben, zu malen, gleich einer Blume, die neue Blüten treibt.
Dieser Zustand, den ich eine *gute Beziehung* nenne, strahlt auf alle Bereiche unseres Lebens aus, auf unsere Kinder, unsere Freunde, andere Menschen, unseren Beruf und auf alles, was wir – und wie wir es – tun.

Eine gute Beziehung ist der Schlüssel zu einem gut funktionierenden lebendigen und freudigen Leben!

Es kann durchaus wachstumsfördernd sein und zu der eigenen Reifung beitragen, eine Zeitlang alleine zu bleiben. Das Alleinsein bietet ganz andere Lernsituationen und Erfahrungen, zum Beispiel: *wie halte ich den Kontakt zu mir selbst? Wie schaffe ich es, mich selbst glücklich zu machen? usw.*
Bleibt man jedoch zu lange allein, ist es möglich, daß man es nicht mehr schafft, sich auf einen Partner einzulassen und einzustellen.

Mit einem
Menschen zusammen
sollte mehr
aus uns werden,
anstatt weniger.

Der »richtige« Partner

Bei *allen* Partnern, denen wir begegnen und auf die wir uns einlassen, haben wir etwas Bestimmtes zu lernen. Die Frage ist nur, ob wir das, was uns durch den jeweiligen Partner für unser Wachstum »angeboten« wird, entdecken und lernen wollen.

Nehmen wir das Angebot zum Lernen an, lernen wir bei dem einen Partner vielleicht herauszufinden, was uns in einer Beziehung gefällt. Bei einem anderen, was wir in einer Beziehung nicht wollen oder was uns fehlt. Auf die Art und Weise entdecken wir mehr und mehr, was wir mit einem Partner erleben und was wir nicht erleben wollen.

Gleichzeitig können wir auch unsere inneren Fähigkeiten entwickeln. So lernen wir bei dem einen Partner, bei unserer Meinung zu bleiben oder uns nicht unterdrücken zu lassen. Ein anderer regt uns dazu an, uns mehr zu öffnen, und beim nächsten lernen wir erwachsen zu werden.

Was haben Sie alles mit Ihren Partnern oder Ihrem Partner gelernt?

Das Lern- und Erfahrungsfeld mit anderen Menschen ist unendlich groß und es ist am größten, wenn auch die Liebe dabei ist.

Es liegt ganz bei uns, ob wir unsere Lernangebote annehmen und unsere Lernchancen nutzen, die sich in jeder Partnerschaft auf natürliche Weise ergeben. Manchmal kann es durchaus genauso wichtig sein, Situationen, die man nicht verändern kann und unter denen man leidet, loszulassen. Vorher sollte man jedoch ganz sicher sein, daß man nicht seiner eigenen Problematik aus dem Wege geht.

Natürlich können wir bei *einem* Partner ähnliche Erfahrungen machen. Ich kann nur von mir sagen, daß gerade die Unterschiedlichkeit meiner Partner für mich dazu beigetragen hat, immer deutlicher herauszufinden, was ich in der Mann-Frau- Beziehung brauche und erleben will.
Haben Sie sich schon Gedanken darüber gemacht, was Sie von einem Partner brauchen und was Sie in einer Beziehung wirklich erleben wollen?

Doch bei allen Partnern, so glücklich wir auch streckenweise sind, meldet sich bei vielen von uns immer wieder ein Gefühl von Unbefriedigtsein oder Nicht-ganz-Zufriedensein oder eine mehr oder weniger starke Sehnsucht nach einem Partner, mit dem es sich ganz stimmig anfühlt, für den man ein totales *Ja* hat, bei dem man keine Zweifel mehr hat... ein Partner, mit dem mehr möglich ist, als Sie bisher erlebt haben.

Es gibt diesen Menschen.
Es gibt mehr als Sie bisher erlebt haben.
***Ja*, es gibt *ihn*.**

Den Partner, nach dem Sie sich – wahrscheinlich schon Ihr ganzes Leben lang – bewußt oder unbewußt sehnen. Bei dem Sie sich angekommen fühlen und mit dem Sie gemeinsam durchs Leben gehen wollen – den Sie als *richtig* für sich erleben werden!

Es ist Ihr *Seelenpartner*.

Es ist Unsinn,
auf etwas zu warten,
was nicht
von alleine kommt.

Der Seelenpartner

Haben Sie schon einmal von diesem Begriff gehört oder gelesen? Oder wissen Sie sogar, daß es »ihn« gibt? Oder wissen Sie gar nichts darüber und sind jetzt neugierig geworden?

Als ich das erste Mal von dem Begriff Seelenpartner erfuhr, war ich richtig aufgeregt. Eine Instanz in mir wußte sofort, wovon die Rede war und mir wurde plötzlich der Zusammenhang zwischen meiner tiefen Sehnsucht nach meinem richtigen Partner und dem Seelenpartner bewußt.
Wer ist also dieser Seelenpartner, von dem ich spreche?
Jeder Seele wurde bei ihrer Erschaffung ein bestimmter Seelenpartner von Gott zugeteilt, den man mit seiner Hilfe irgendwann, wenn man reif für diese Begegnung geworden ist, finden soll, um gemeinsam zu wachsen und vereint als Mann und Frau den Weg zu Gott anzutreten. Deswegen sagt man auch, daß die »wahren Ehen im Himmel geschlossen werden«.
Unserem Seelenpartner sind wir bisher in den diversen Leben in den verschiedensten Rollen, zum Beispiel als Freund, Nachbar, Verwandter, Chef oder Kollege usw., manchmal sogar schon als Mann und Frau (ohne von der Seelenpartnerschaft zu wissen) begegnet, wodurch wir uns das eine Mal mehr in der Nähe, das andere Mal eher distanziert gemeinsam erfahren und aneinander »abschleifen« konnten. Möglicherweise ist uns dabei, mehr oder weniger bewußt, eine gewisse Ähnlichkeit oder Vertrautheit aufgefallen, die wir uns nicht erklären konnten.
Da diese beiden Seelen sich sehr gut kennen und außerdem

die gleiche Seelenschwingung haben, trägt jeder das Bild des anderen in Form einer Vision in sich. Diese Vision können wir, wenn wir in der Lage sind, innere Bilder zu sehen und den Seelenpartner erkennen wollen, in uns sichtbar werden lassen. Voraussetzung dafür ist jedoch, daß sich unser Seelenpartner ebenfalls auf der Erde befindet. Ist das nicht der Fall, so erkennt man dies daran, daß die Sehnsucht fehlt und wir sie auch nicht in uns wecken können.

Da unsere Seele ihre Bestimmung kennt, läßt sie uns nach unserem Seelenpartner suchen, auch wenn wir bewußt nichts davon mitbekommen. Die Antriebskraft für diese Suche ist unsere scheinbar unstillbare Sehnsucht, die uns zu den unterschiedlichsten Partnern und Orten führt und uns manchmal sogar weite Reisen unternehmen läßt. Unsere Sehnsucht ist erst dann gestillt, wenn wir unseren Seelenpartner gefunden haben.

Da wir auf unserer Suche nicht wissen, daß wir im Grunde genommen unseren Seelenpartner suchen und auch nicht wissen, daß wir uns auf ihn vorbereiten müssen, unterdrücken wir oft nach einigen Jahren der Suche unsere Sehnsucht oder schwächen sie erheblich ab, weil wir irgendwann nicht mehr glauben können, daß es diesen Menschen (dem unsere Sehnsucht gilt) überhaupt gibt. Glücklicherweise läßt sich jedoch diese Sehnsucht leicht wieder wecken; denn diese Sehnsucht brauchen wir, um unseren Seelenpartner anzuziehen.

Da unsere vergiftete Erde zu ihrer Heilung und damit zu unserem Überleben der Hilfe liebender Menschen bedarf, wird das Wissen um die Seelenpartnerschaft, das bisher nur wenigen Menschen zugänglich war, sich stark verbreiten, damit sich viele Seelenpartner schneller finden können. Mein Buch und meine Seminare sind dazu ein Beitrag in diesem Prozeß.

Doch ich warne Sie: Ihr Seelenpartner ist kein Märchenprinz oder Märchenprinzessin. Er wird auch Ihren bisherigen Vorstellungen und Bildern höchstwahrscheinlich wenig entsprechen. Doch er hat die gleiche Wellenlänge, ergänzt Sie in Ihrem Sein und Sie können mit ihm soviel Gleichklang und Harmonie erleben, wie Sie sich das (insgeheim) immer gewünscht haben. Ein Mensch, bei dem Ihre Partnersuche aufhört, bei dem Sie sich ganz zu Hause und angekommen fühlen werden.

Und genau diese Gefühle werden Sie erkennen lassen, daß Sie Ihren Seelenpartner getroffen haben. Wenn Sie darüber hinaus noch Zugang zu Ihrer Vision Ihres Seelenpartners finden konnten, werden Sie sich ganz sicher sein, daß »er« es ist.

Nur: Machen Sie sich keine Illusionen, daß Sie das, was Sie bisher mit anderen Menschen und Partnern nicht gelernt haben, jetzt mit Ihrem Seelenpartner auf Anhieb können. Doch durch die Sicherheit, beim *richtigen* Partner zu sein, werden Sie nicht nur starkes Vertrauen entwickeln, sondern auch die Bereitschaft, sich allen Lernschritten zu stellen und gemeinsam zu wachsen.

Die Leichtigkeit des Seins wird für Sie – möglicherweise das erste Mal – erfahrbar werden.

Und noch etwas: Ihr Seelenpartner ist Ihr perfekter Spiegel. Wenn Sie in »ihn« hineinschauen, können Sie sich so gut erkennen, wie noch niemals zuvor. So gesehen ist er auch Ihr ganz persönliches Lernangebot, ganz auf Sie »zugeschnitten«... und wenn Sie lernen wollen, auch Ihr *Glück*.

II
Die Kunst, den Seelenpartner zu finden

Die Vorbereitung

In den nachfolgenden Kapiteln möchte ich Ihnen zeigen, was *Sie* tun können, um Ihrem Seelenpartner begegnen zu können.

Bei den Aktivitäten, die ich Ihnen vorschlagen werde, handelt es sich in erster Linie darum, den Boden vorzubereiten, auf dem die Beziehung mit Ihrem Seelenpartner wachsen und blühen kann. Was ich Ihnen damit anbiete, ist ein innerer Prozeß, der Sie mit sich selbst mehr in Kontakt bringen wird.

Im Kapitel *Reinigung* geht es darum, daß Sie sich von allem *befreien*, was Ihre zukünftige Beziehung mit Ihrem Seelenpartner behindern könnte, damit Sie Ihrem Seelenpartner unbelastet begegnen können. Auch für andere Partnerschaften werden Sie von dieser Reinigung sehr profitieren.

Im Kapitel *Kräftigung* möchte ich Ihr Augenmerk darauf richten, wie wichtig es ist, Ihrer Entwicklung den Vorrang vor allem anderen zu geben. Das bedeutet, (lernen) sich selbst zu lieben und Ihrer inneren Stimme wieder die Bedeutung zu geben, die sie benötigt, um Sie durchs Leben und zu Ihrem Seelenpartner führen zu können.

Im Kapitel *Verbindung zum Seelenpartner herstellen* zeige ich Ihnen, wie Sie es schaffen können, mit Ihrem Seelenpartner Kontakt aufzunehmen und eine ständige Verbindung herzustellen. Gerade diese Verbindung wird viel dazu beitragen, daß sich Ihr Seelenpartner in Ihre Richtung bewegt – oder Sie in seine –, so daß Sie ihn real treffen können.

Im letzten Kapitel *Das Ziel bekräftigen* lernen Sie die Kraft einzusetzen, die es benötigt, damit Sie Ihr Ziel realisieren können.

Sie sehen also, die *Kunst* den richtigen Partner zu finden, besteht in der *Kunst* der richtigen Vorbereitung auf *ihn*.
Durch diese Vorbereitung kommen Sie sich nicht nur selbst, sondern auch Ihrem Seelenpartner immer näher, bis sie *ihn* eines Tages wie ein Magnet anziehen. Dasselbe gilt auch für andere Partner. Je heller und bewußter Sie werden, desto anziehender werden Sie für andere Menschen. Das heißt nicht, daß Sie perfekt sein müssen, bevor Sie Ihren Seelenpartner treffen, sondern Sie brauchen nur ein klares *Ja* zu sich selbst und Ihrem Wachstumsprozeß.
Den Rat, den ich Ihnen geben kann, ist der: Entwickeln Sie sich zu der Person, mit der *Sie* eine Beziehung eingehen und die *Sie* lieben wollen, wenn Sie sie treffen würden. Dann werden Sie das auch bei anderen Menschen und Ihrem Seelenpartner auslösen.
Wenn dann Ihr Seelenpartner kommt, wird es Ihnen nicht schwerfallen, in den Spiegel zu schauen, den er Ihnen vorhält. Denn je mehr Sie sich jetzt schon entwickeln, um so leichter wird Ihr Zusammenspiel sein.
Sozusagen als Belohnung für Ihre getane Arbeiten werden Sie ihm dann ohne große Anstrengung begegnen. Das einzige, was für Sie wichtig ist, ist zu gegebener Zeit auf Ihre innere Stimme zu hören, die Sie an den Ort bringen wird, wo Sie ihn treffen werden.
Es kann sein, daß Ihr Seelenpartner noch bestimmte Entwicklungsschritte machen muß, bevor er für Ihre gemeinsame Begegnung bereit ist. Dann kann es länger dauern, bis Sie ihn treffen können.
Das heißt: Nehmen Sie Ihren Seelenpartner als Ziel – auch wenn Sie ihn im Moment noch nicht treffen können oder wollen –, aber fixieren Sie sich nicht auf ihn, indem Sie nur noch an ihn denken und auf ihn warten und damit keine andere Partnerschaften mehr eingehen.
Lernen Sie soviel Sie können mit anderen Menschen oder Partnern, genießen Sie das Leben und freuen Sie sich von ganzem Herzen auf die Begegnung mit Ihrem Seelenpart-

ner und die Verwandlung, die Sie dadurch erleben werden. Halten Sie – was auch immer passiert –, den inneren Kontakt zu Ihrem Seelenpartner und entwickeln Sie das Vertrauen, daß er zur richtigen Zeit in Ihr Leben treten wird.

Verlieren Sie Ihr Ziel nie aus dem Auge!

Je mehr wir loslassen, desto mehr Neues kann in unserem Leben passieren.

Die Reinigung

1. Schritt: Vorstellungen und Bilder vom Idealpartner loslassen

Für diesen Schritt ist es notwendig, daß Sie sich zunächst einmal bewußt machen, was Sie alles von Ihrem gedachten Ideal-Partner erwarten und erhoffen, und welche möglichen Forderungen Sie an »ihn« haben.
Schreiben Sie alle Ihre Vorstellungen, Träume, Forderungen usw. auf. Beschreiben Sie, wie er aussehen soll, welche Eigenschaften, Verhaltensweisen, Ansichten, Bildung und Lebensumstände er haben soll. Beschreiben Sie auch, wie er sich Ihnen gegenüber verhalten soll – einfach alles, was Sie sich von »ihm« erträumen, und woran Sie bisher Ihre jeweiligen Partner gemessen haben. Lassen Sie Ihren Bildern und Vorstellungen freien Lauf und schreiben Sie möglichst alles auf.
Lesen Sie erst weiter, wenn Sie das gemacht haben.
Leider muß ich Sie jetzt gleich enttäuschen. Höchstwahrscheinlich wird Ihr Seelenpartner diesen »idealen« Vorstellungen nicht entsprechen und trotzdem können Sie darauf vertrauen, daß er zu Ihnen paßt. Er wird Sie ergänzen und Ihnen gleichzeitig in vielem ähnlich sein, damit Sie sich gut in und an ihm erkennen können.
Da uns jede Vorstellung, was sein soll, blind macht für das, was ist, ist es unbedingt notwendig, daß Sie sich jetzt von all Ihren Vorstellungen und Bildern, wie ein Partner zu sein hat, lösen, um Ihren Seelenpartner erkennen und annehmen zu können.

Sind Sie bereit dazu?
Wenn ja, nehmen Sie die soeben angefertigte Liste Ihrer Wunschvorstellungen in die Hand, schließen Sie die Augen und machen Sie sich ganz bewußt, daß Sie jetzt Ihre Bilder und Vorstellungen aufgeben. Halten Sie für diesen Prozeß inne und zerreißen Sie dann, wenn Sie bereit dafür sind, die von Ihnen angefertigte Aufstellung.
Vielleicht schaffen Sie es, mit diesem Ritual alle Ihre Vorstellungen und Bilder auf einmal über Bord zu werfen, vielleicht ist es aber auch notwendig, dieses Ritual zu wiederholen, vielleicht wollen Sie sich aber auch anders damit beschäftigen.
Je mehr alte Vorstellungen und Bilder Sie loslassen können, um so freier und offener wird Ihre Partnerwahl stattfinden können und um so größere Chancen haben Sie, Ihren Seelenpartner zu erkennen und anzunehmen, da Ihre Sicht nicht mehr verstellt ist.

Das einzige, was wir von einem Partner wirklich brauchen, ist, daß er bereit ist, in der Beziehung zu lernen und zu lieben.

Etwas vergessen lernen,
ist ebenso wichtig,
wie etwas behalten lernen.

(Prentice Mulford)

2. Schritt:
Die alten Geschichten loslassen

Damit Sie Ihrem Seelenpartner frei begegnen können, ist es wichtig, daß Sie nicht mehr in alten Geschichten verfangen sind und alte Gefühle mit sich herumtragen, die unbewußt die neue Beziehung gleich wieder belasten oder sogar vergiften würden. Aber auch für jeden anderen Partner ist es wichtig, ihm unbelastet begegnen zu können.

Ein wichtiger Schritt dazu ist, sich alte Beziehungen noch einmal ganz konkret bewußt zu machen, um sie vollständig abschließen zu können.

Nehmen Sie sich dazu mehrere Blatt Papier – für jeden Partner, der Ihnen wichtig war, eines.

Schreiben Sie auf das jeweilige Blatt den Namen Ihres Partners.

Beantworten Sie nun für jeden Partner gesondert folgende Fragen und schreiben Sie die Antwort auf die jeweiligen Blätter:

Was habe ich meinem Partner gegeben?
(z.B. Zärtlichkeit, Aufmerksamkeit usw.)

Was habe ich meinem Partner nicht gegeben?
(z.B. Interesse, Herausforderung usw.)

Welche Vorwürfe hatte ich an meinen Partner?
(z.B. ich konnte keinen Konflikt mit ihm durchsprechen)

Was hat mir mein Partner gegeben?
(z.B. Sex, Geborgenheit usw.)

Was hat mir mein Partner nicht gegeben?
(z.B. Ehrlichkeit, Lebensfreude usw.)

Welche Vorwürfe hatte mein Partner an mich?
(z.B. ich würde ihn nicht in Ruhe lassen usw.)

Welche Note (nach dem deutschen Schulsystem) würde ich dieser Beziehung geben?
(z.B. eine 3)

Was habe ich in dieser Beziehung gelernt?
(z.B. mich wirklich zu binden usw.)

Was habe ich in dieser Beziehung nicht gelernt?
(z.B. ehrlich zu sein usw.)

Zu welchen Entschlüssen und Glaubenssätzen bin ich in dieser Beziehung oder hinterher gekommen?
(z.B. es lohnt sich nicht, sich auf jemanden einzulassen, oder: so tief laß ich mich nicht mehr ein, usw.)

Wenn Sie alle Fragen für jeden Partner einzeln beantwortet haben, können Sie sehen, was Sie in einer Beziehung geben und was nicht. **Hat Ihr Geben und Ihr Nicht-Geben in den verschiedenen Beziehungen Ähnlichkeit oder ist sogar ein Muster, das durch alle Beziehungen geht, sichtbar?**
Beschäftigen Sie sich anschließend damit, was Sie von Ihren Partnern bekommen haben und was nicht. **Sehen Sie Zusammenhänge mit *Ihrem* Geben und Nicht-Geben?**
Gibt es Ähnlichkeiten zu dem, was sich Ihre Eltern gegenseitig gegeben haben und was nicht?
Haben die gegenseitigen Vorwürfe in der jeweiligen Beziehung einen Zusammenhang mit dem Geben und Nehmen in dieser Beziehung?
Schauen Sie sich zum Abschluß noch einmal ganz bewußt an, was Sie mit Ihren Partnern gelernt haben, so daß Sie Ihre Entwicklung sehen können. Genauso wichtig ist zu sehen, was Sie nicht gelernt haben, so daß Sie wissen, welche Lernschritte für Sie noch anstehen und welche Glaubenssätze und Entschlüsse über Ihre Erfahrungen mit Ihren Partnern Sie möglicherweise heute behindern, einen Partner zu finden, beziehungsweise sich ihm zu öffnen oder sich auf ihn einzulassen.
Nehmen Sie jetzt noch einmal nacheinander jedes Blatt einzeln in die Hand und spüren Sie nach, ob Sie mit dem jeweiligen Partner wirklich im reinen sind, oder ob es noch Dinge gibt, die ungesagt sind, Gefühle, die Sie noch zurückbehalten haben, Kränkungen oder Schmerzen, die Sie Ihrem Partner noch nicht verziehen haben, Vorwürfe, die Sie noch nicht losgelassen haben usw.
Sind Sie mit dem jeweiligen Partner im reinen, legen Sie das Blatt zur Seite.
Wenn nicht, überprüfen Sie, ob es für Sie notwendig ist, sich mit Ihrem früheren Partner noch einmal zu treffen, ihn anzurufen oder ihm zu schreiben, um das noch auszudrücken, was wichtig ist, um die Geschichte mit ihm wirklich abschließen zu können. Häufig entwickeln beide Partner in

einem Gespräch nach einer Beziehung, auch wenn sie schon lange her ist, mehr Verständnis füreinander als innerhalb der Beziehung und viele Mißverständnisse können nachträglich ausgeräumt werden.
Wollen Sie jedoch mit dem jeweiligen Partner nicht mehr persönlich in Kontakt treten, schlage ich Ihnen folgende Methode vor:
Setzen Sie Ihren ehemaligen Partner in Ihrer Phantasie (vielleicht müssen Sie, damit das Bild von ihm kommt, Ihre Augen schließen) auf einen Stuhl oder ein Kissen Ihnen gegenüber.
Sagen Sie ihm nun in aller Offenheit alles, was Sie noch heute belastet oder berührt und was Sie bisher nicht ausgedrückt haben. Lassen Sie dabei alle Gefühle zu, die durch das Aussprechen Ihrer Gedanken in Ihnen aufsteigen. Scheuen Sie sich nicht zu weinen oder wütend zu werden, falls Ihnen danach ist.
Geben Sie Ihren Gefühlen und Gedanken genügend Raum, damit Sie diese vergangene Geschichte wirklich abschließen können.
Sagen Sie sich anschließend:

> Es ist vorbei,
> so war es,
> ich hatte auch etwas damit zu tun
> und … es muß nicht wieder so werden!

Lassen Sie sich zur Bearbeitung dieses Kapitels viel Zeit. Vielleicht müssen Sie manche Prozesse auch einige Male wiederholen, bis Sie genügend Klarheit gewonnen haben oder bis Sie die jeweilige Geschichte endgültig loslassen können.
Zusätzlich können Sie sich noch mit folgendem *Ritual* unterstützen:
Konzentrieren Sie sich jeweils auf einen Partner und sprechen Sie laut oder leise den folgenden Text mit soviel Gefühl wie möglich. Manchmal ist es notwendig, ihn mehrmals zu

sprechen. Sollten Ihnen während des Prozesses noch weitere Personen einfallen, lassen Sie sich nicht davon abhalten, auch für sie diesen Text zu sprechen. Erlauben Sie sich alle Gefühle, die während des Sprechens in Ihnen hochkommen. Diese Worte werden Ihnen sehr dabei helfen, sich innerlich zu befreien.

Ich danke Dir für das, was Du mir in der Zeit unserer Beziehung gegeben hast – auch wenn ich es oft nicht bemerkt habe oder undankbar war.
Ich danke Dir für das Schöne, was ich durch Dich erleben durfte.

Ich verzeihe Dir die Situationen, in denen Du lieblos mit mir umgegangen bist. Und *ich verzeihe Dir,* daß Du mir nicht alles gegeben hast, was ich gebraucht hätte. Du hast das getan, was Dir aufgrund Deiner Lebensgeschichte und Deiner Bewußtheit zum damaligen Zeitpunkt möglich war.

Ich bitte Dich, *verzeih auch mir* meine Lieblosigkeit und Undankbarkeit, und daß auch ich Dir nicht alles gegeben habe, was Du gebraucht hättest.
Ich danke mir für das, was ich Dir im Laufe unserer Beziehung gegeben habe. Und *ich verzeihe mir* die Situationen, in denen ich lieblos und undankbar Dir gegenüber war, und daß auch ich Dir nicht alles gegeben habe, was Du gebraucht hättest.

Ich lasse Dich jetzt endgültig los.*
Geh in Frieden aus meinem Leben
und auch ich gehe in Frieden aus Deinem Leben.

*Man kann einen Menschen auch aus seiner Rolle entlassen, dann heißt dieser Satz:
»Ich entlasse Dich aus Deiner alten Rolle als …« (z.B. meine Frau), und der nächste:
»Geh in Frieden aus Deiner alten Rolle als mein … und auch ich gehe in Frieden aus meiner alten Rolle als Dein …«

Am Glücklichsten
wird die Beziehung von
zwei Glücklichen.

3. Schritt:
Lebensumstände, die keine Freude machen, loslassen

Je glücklicher Sie Ihrem Seelenpartner begegnen können, um so freier wird er sich mit Ihnen fühlen. Vor allen Dingen muß er Sie dann nicht erst glücklich machen – was für ein Glück für ihn! Und nicht nur das: um so glücklicher kann dann auch Ihre gemeinsame Beziehung werden.

Viele Menschen haben verlernt oder nie gelernt, wie man sich selber glücklich macht. Sie warten – meist unglücklich – vergeblich auf ihren »Glücksbringer« in Form eines Partners. Doch jemand der glücklich ist, ist anziehender.

Zum Glücklichsein gehören ein offenes Herz, Freude und Lachen. Ein guter Wegweiser zum Glück ist unser Herz, denn wenn wir uns nach unserem Herzen richten, sind wir immer an dem für uns richtigen Ort, haben den richtigen Beruf, kennen die Menschen, die für uns richtig sind usw. Suchen Sie deshalb die Orte, die Menschen und die Situationen, wo Ihr Herz aufgeht. Finden Sie heraus, wozu Ihr Herz *JA* sagt. Erschaffen Sie sich die Qualität des Herzens in Ihrem Leben.

Machen Sie es sich zum Ziel, glücklich zu sein oder zu werden und erforschen Sie genau, was Sie dafür brauchen. Dazu gehört auch, daß Sie alles loslassen, was Sie einengt, begrenzt, kleinhält, langweilt, einfach alles, was Ihnen keine Freude macht und was Sie nicht in Ihrem Sinne verändern können. Natürlich nur in dem Maße, wie Ihnen das möglich ist. Manchmal sind wir in Lebensumständen, die erst bewältigt werden wollen, bevor wir sie verlassen können. Andere Lebensumstände müssen erst Stück für Stück umgestaltet werden, bis sie wieder Freude machen können.

Jeder Tag ohne Freude ist ein Verlust an Lebensqualität. Wenn Sie jedoch etwas tun, das Ihnen keine Freude bereitet, ist das ein Akt des Sich-nicht-Liebens.

Wer an Sex orientiert ist,
wird Sex ernten,
wer an Liebe orientiert ist,
wird Liebe ernten.

4. Schritt: Falsche Partnerschaftskonzepte loslassen

Jeder von uns hat ein mehr oder weniger bewußtes Bild in sich, wie seiner Meinung nach eine Partnerschaft auszusehen hat.
Wenn jetzt zwei Menschen mit unterschiedlichen Konzepten zusammenkommen, will natürlich jeder seine Vorstellungen verwirklicht sehen – die Konflikte sind vorprogrammiert.
Bei ähnlichen oder gleichen Konzepten besteht wiederum die Gefahr, daß sich die Beziehung im Erfüllen dieser Konzepte erschöpft.
Woher haben wir unsere Partnerschaftskonzepte?
Die erste Quelle dafür ist unser Elternhaus, gefolgt von Filmen, Romanen und Zeitschriften. Da unsere Eltern auch unsere »Vor- Bilder« sind, glauben wir natürlich, daß sie wissen, wie man eine Partnerschaft führt und was Liebe ist. Meistens übernehmen wir diese Bilder kritiklos und unbewußt und glauben eines Tages, es wären unsere eigenen Vorstellungen: Zum Beispiel stritten sich meine Eltern die meiste Zeit ihres Zusammenseins, gefolgt von Pausen, in denen sie sich gegenseitig alles recht machten; meine ersten Beziehungen liefen in dergleichen Weise ab, bis ich eines Tages das Konzept meiner Eltern erkannte und begriff, daß *ich* gar nicht gerne streite und mich das Streiten eher hart macht, als daß es mich zum Lieben bringt.
Auch andere Vorstellungen, die ich aus Romanen und Filmen übernommen hatte, wie zum Beispiel »Ich muß mich für die gleichen Sachen und Freunde interessieren« oder »Frauen sind nur gefühlsorientiert, daher haben sie einem Mann nichts zu sagen«, machten mich eher unglücklich, als daß sie mich mit meinem Partner zusammenführten.

Es dauerte ziemlich lange, bis ich herausfand, daß fast jedes Partnerschaftskonzept mich und meinen Partner in irgendeiner Weise beschneidet und mich nicht wachsen läßt.

Kennen Sie etwas ähnliches auch bei sich?

Wichtig ist, sich die Vorstellungen, Haltungen und Einstellungen, die Sie bis jetzt kopiert und/oder gelebt haben, bewußt zu machen – natürlich auch solche aus der Traumwelt der Filme, Romane und Zeitschriften, oder von Partnern, mit denen Sie zusammen waren.
Bringen Sie alles zu Papier, was für Sie wichtig ist.
Finden Sie heraus, welche dieser Vorstellungen, Haltungen und Einstellungen Sie eher unglücklich gemacht haben.

Haben Sie sich mit Ihren Partnern entwickelt, oder sind Sie eher »weniger« geworden?
Welche Ziele hatten Sie in Ihren Partnerschaften?

Vielleicht fällt Ihnen auf, daß in den Partnerschaftskonzepten, die Sie kennen oder erfahren haben, nie oder selten das gemeinsame Wachsen und Lernen oder immer mehr zu lieben das Ziel war.
Befreien Sie sich Stück für Stück von all diesen Vorstellungen, Haltungen und Einstellungen, die Sie bisher in Ihren Partnerschaften behindert haben, und die Ihrem Glück, Ihrer Freiheit, Ihrem Wachstum und Ihrer Liebe im Wege standen. Dieser Prozeß braucht sehr viel Aufmerksamkeit von Ihnen und Ihren Mut, sich immer wieder anders als bisher zu verhalten.
Gerade in unserer Zeit haben wir die einmalige Chance aus den alten, unbeweglichen und wenig glücklichmachenden Konzepten unserer Gesellschaft auszusteigen und unsere Beziehungen so zu gestalten, daß sich beide Partner, statt zu verkümmern, in einem gemeinsamen Lernprozeß und einem ständigen Austausch zu ihrer wahren Größe entwickeln können.

Ein Paar muß mehr sein als die Summe beider Partner! Welche Konzepte über Partnerschaft haben Sie?

Da die meisten Menschen am stärksten von den Konzepten ihrer Eltern (oder den Personen, bei denen sie aufgewachsen sind) bestimmt sind, empfehle ich Ihnen, sich mit folgenden Fragen ausführlich auseinanderzusetzen und herauszufinden, was Sie unbewußt übernommen haben.
Beantworten Sie die Fragen spontan und schreiben Sie die Antworten auf, so daß Sie sie immer wieder nachlesen können.

Wie sah die Liebe Ihrer Eltern füreinander aus?
(z.B. Mutter umsorgte Vater, Vater brachte gelegentlich Blumen mit, oder ...)

Wie sah die gemeinsame Beziehung Ihrer Eltern aus?
(z.B. Vater ging seiner Wege, Mutter war mit den Kindern beschäftigt, gemeinsam gingen sie gelegentlich aus, danach war Mutter meist traurig, oder ...)

Wie verhielten sich Ihre Eltern zueinander?
(z.B. Mutter freute sich, wenn Vater kam, Vater tat eher gleichgültig, gelegentlich stritten sie sich lauthals, oder ...)

Beantworten Sie diese Fragen möglichst genau und umfassend, bevor Sie weiterlesen. Erinnern Sie sich auch daran, wie *Sie* sich mit Ihren Eltern gefühlt haben. Wie fanden Sie damals die Beziehung Ihrer Eltern?

Wenn Sie alles aufgeschrieben haben, lassen Sie einmal vor Ihrem geistigen Auge Ihre vergangenen oder Ihre gegenwärtige Beziehung/en ablaufen.
Einige Partnerschaftskonzepte oder Einstellungen zur Liebe, die ich bei Paaren, die in meine Praxis kamen, gesehen und erlebt habe, möchte ich Ihnen vorstellen. Diese Liste erhebt keinen Anspruch auf Vollständigkeit.

- Der Mann zeigt keine Gefühle, die Frau duldet es stillschweigend, nörgelt jedoch statt dessen an ihm herum.
- Einer oder beide Partner können keinen Konflikt aushalten, es wird dadurch nichts ausgesprochen, was einen Konflikt auslösen könnte.
- Man läßt sich gegenseitig in Ruhe und klammert jede Kritik aus.
- Beide Partner lassen sich nicht in ihren »negativen Seiten« sehen, wenn es doch vorkommt, »hagelt« es an Entschuldigungen oder Rechtfertigungen.
- Einer oder beide verlangen, daß sie in allem, was sie tun, akzeptiert werden, jede Reaktion auf ihr Handeln wird als »nicht- akzeptieren« ausgelegt.
- Der Mann fühlt sich nur für die materielle Sicherheit oder den Sex zuständig.
- Die Frau sorgt nur für Schönheit und/oder Sex.
- Beide haben feste Vorstellungen, wie jeder zu sein hat.
- Beide sehen sich nur in bestimmten Rollen: »Mein Mann ist ein Schlamper«, »meine Frau ist sehr empfindlich« und schreiben sich darin fest. (Man geht nicht davon aus, daß der andere lernen könnte, sich anders zu verhalten.)
- Wir haben keine Probleme, alles was in diese Richtung gehen könnte, wird unter den Teppich gekehrt.

- Man tut alles, damit der andere nicht verletzt, gekränkt oder enttäuscht ist – der andere darf keine negativen Gefühle haben.
- Wenn du »negative« Gefühle in mir auslöst, ziehe ich mich zurück. Ich werde es dir schon austreiben.
- Wir sind nur lieb miteinander.
- Wir sind uns selbst genug, wir brauchen keine Freunde mehr.

Zwangskonzepte

- Wir müssen alles gemeinsam machen.
- Wir müssen uns für die gleichen Freunde und Dinge interessieren.
- Wir müssen den gleichen Geschmack haben.
- Jeder muß *immer* für den anderen da sein.
- Der wichtigste Mensch in meinem Leben muß immer mein Partner sein.
- Nur wenn du tust, was ich will, bleibe ich dir zugewandt.

Konzepte über die Liebe

Mein Partner liebt mich nur, wenn …

er mir alles erzählt
er mir alles macht
er mir immer hilft
er mir alles gibt
er immer für mich da ist
er mir immer treu ist

Schreiben Sie in die leeren Zeilen die Konzepte, die Sie von sich kennen oder die Bedingungen, die Sie an die Liebe haben.
Schreiben Sie alles auf, was für Sie wichtig ist.

Entdecken Sie die Einstellungen und Haltungen, die Sie von sich kennen, damit Sie sich diese bewußt machen und anschließend loslassen können.

Keines dieser beschriebenen Konzepte wird zu einer lebendigen und frischen Beziehung führen, in der sich beide Partner weiterentwickeln, ihre Beziehung vertiefen und sich immer stärker lieben.

Sehr hilfreich könnte für Sie sein, wenn Sie Ihre gesamten Partnerschaftskonzepte auf einem Blatt zusammenschreiben und in dieses Buch legen.
So können Sie sich in verschiedenen Situationen immer wieder bewußt machen, welches Ihrer Konzepte gerade aktiv ist.

In Partnerschaften werden sehr oft Spiele gespielt. Ein besonders »beliebtes« und verbreitetes Rollenspiel (und zwar in Beziehungen aller Art, national und international) ist das

Das Opfer – Verfolger – Retter – Spiel.

Spiel heißt hier, daß Menschen in ihrer Interaktion bestimmte Rollen einnehmen, hinter denen sie sich verstecken, damit sie nicht die Verantwortung für ihre Gefühle und ihr Handeln übernehmen müssen. Dieses Spiel wird meistens von den Eltern oder anderen Bezugspersonen übernommen und oft jahrelang eingeübt.
Jede dieser drei Rollen – Opfer, Verfolger, Retter – kann in wechselnder Besetzung von den Partnern eingenommen werden. Meist eröffnet einer das Spiel und teilt dadurch dem anderen seine Rolle zu, in die dieser dann auch – meist unbewußt – »hineinspringt«. Häufig wird die dritte Rolle durch eine außenstehende Person besetzt, damit das Spiel besser läuft.
Zum Beispiel: einer der Partner fühlt sich als Opfer vom anderen, weil dieser, ohne abzusagen, nicht zu einer Verabredung gekommen ist; er denkt »Du hast mir was angetan« und nimmt die Rolle des Verfolgers ein und sagt zu dem anderen: »Du bist so gemein, immer willst du mir nur weh tun!« Fühlt sich der andere sofort schuldig, nimmt er möglicherweise die Rolle des neuen Opfers ein und fühlt sich schlecht und unverstanden. Entweder »verfolgt« er den anderen in sich oder nimmt die Rolle des Verfolgers laut ein: »Immer verstehst du mich nicht, du bist so hartherzig mit mir!« usw. Es kann sein, daß dann eine dritte Person (Freund, Mutter, Vater usw.) dazukommt und den Retter spielt, indem er die Meinung von einem der beiden Partner unterstützt und ihm Recht gibt.
Das Fatale an diesem Spiel ist, daß keiner der Beteiligten den Blick auf sich gerichtet hat, sondern dem anderen die

Schuld für seine Gefühle und Probleme zuschieben will. Läuft dieses Spiel, findet kaum ein klärendes Gespräch statt, vielmehr gehen die Partner gekränkt, beleidigt oder verletzt auseinander.
Dieses Spiel verhindert Lernen und die Nähe, die durch eine gemeinsame Klärung, in der sich beide Partner verstehen lernen würden, entstehen könnte.
Die einzige Möglichkeit, aus diesem zur Gewohnheit gewordenen Spiel auszusteigen, ist es zu lernen, schrittweise die Verantwortung für das eigene Erleben zu übernehmen.

Menschen wollen gerne
alles können,
aber nicht lernen,
dorthin zu gelangen.

Die Kräftigung

5. Schritt: Wieder zum inneren Lernen finden

Wenn ich in diesem Kapitel von »Lernen« spreche, meine ich das innere Lernen, das die eigene Person betrifft.
Das Leben auf dieser Erde gleicht einer großen Schule. Es gibt unendlich viel zu lernen, und je nach unserem Streben können wir viel oder wenig lernen. Um das Lernen selbst kommen wir jedoch nicht herum.
Gleich zu Anfang unseres Erdendaseins finden wir in unserem Elternhaus die Lernsituation vor, mit der wir umgehen »müssen«. Wir machen ganz bestimmte Erfahrungen und werden zu den unterschiedlichsten Lernschritten angeregt.
In meinem Elternhaus zum Beispiel wurde ich stark unterdrückt. Deshalb war meine Haupt-Lernaufgabe – unter anderen –, mich nicht einschüchtern zu lassen und bei meiner inneren Wahrheit zu bleiben. Ich bekam viele Schläge, wenn ich das tat, was ich tun wollte und das sagte, was ich zu sagen hatte, aber dadurch entwickelte ich mich im Laufe der Jahre zu einer starken und mutigen Person, die auch heute bereit ist, ihre Wahrheit zu vertreten. Natürlich habe ich in dieser Situation nicht nur gelernt, sondern durch die Lieblosigkeit meiner Eltern habe ich auch Schaden genommen. Dadurch war ich jedoch als Erwachsene bereit, mich mit meinem Inneren verstärkt zu befassen und konnte mit Hilfe einer Therapie und vielen Wachstumsgruppen zu der Person heranreifen, die ich heute bin.
Auch Sie haben sicherlich in Ihrem Elternhaus bestimmte

Qualitäten entwickelt und möglicherweise auch Schaden erlitten.

Ich schlage Ihnen vor, daß Sie, bevor Sie weiterlesen, eine Zeitlang innehalten und sich verdeutlichen, was Sie in Ihrem Elternhaus gelernt haben. Sollten Sie durch Ihre Eltern oder Geschwister auch gelitten haben, schauen Sie sich auch das an und finden Sie heraus, ob Sie das schon überwunden haben. Wenn nicht, suchen Sie nach Orten, wo Ihnen geholfen wird, die alten Schmerzen loszulassen. Vielleicht können Sie sogar mit Ihren Eltern darüber reden.

Als weitere Lernangebote bekommen wir Geschwister, Freunde, Mitschüler, Lehrer, Arbeitskollegen, bei denen wir bestimmte Qualitäten entwickeln und unseren Horizont über das Leben erweitern können. Aber auch Krankheiten, Unfälle oder Situationen wie Arbeitslosigkeit, Trennung, Scheidung oder der Tod eines geliebten Menschen sind unsere Lehrmeister.
Selten gehen wir jedoch mit unseren »Lernangeboten« bewußt um, weil wir in unserer Gesellschaft gar nicht darüber aufgeklärt werden, daß *alles*, was wir erleben, unserem Lernen dient.
Das Spektrum unserer Lernmöglichkeiten ist gewaltig, wenn es uns gelingt, diese zu entdecken und mit ihnen bewußt umzugehen.
Wir können nicht nur verschiedene Rollen spielen, zum Beispiel Mutter/Vater, Schwester/Bruder, in denen wir uns unterschiedlich zu anderen Rollen, wie Partner, Kollege usw. erfahren können, und in denen wir jeweils andere Fähigkeiten entwickeln, aber auch unsere alten Muster aufarbeiten können. Wir haben auch die Möglichkeit, uns im Zusammenspiel mit den unterschiedlichsten Menschen, sogar in fernen Ländern, zu erweitern und zu entfalten.
Wir können uns in den verschiedensten Wachstumsgrup-

pen oder Therapien mit anderen Menschen erforschen und erkennen und uns neue Sicht- und Verhaltensweisen aneignen.
Wir können unseren Körper als Erfahrungsfeld benutzen und durch ihn unser Denken und Fühlen erforschen und verwandeln.
Wir können hunderte von Büchern lesen oder Kassetten hören, die uns zum inneren Lernen einladen oder auffordern und uns zu bestimmten Lernschritten und Erkenntnissen anregen lassen.
Doch warum verschanzen sich so viele Menschen hinter ihren mehr oder weniger glücklichen oder unglücklichen Lebensumständen oder ihrem Beruf und versuchen jede Art von inneren Problemen zu vermeiden oder zu vertuschen? Warum gehen viele Menschen Situationen gar nicht mehr ein, wo sie sichtbar werden könnten, zum Beispiel die Nähe zu einem anderen Menschen? Warum verstecken sich so viele hinter ihren Partnern, statt sich gegenseitig zu sehen und zu entdecken? Warum fürchten sie sich, so gesehen zu werden, wie sie sind? Das hat viele Gründe. Oft spielen Projektionen eine Rolle, das heißt wir projizieren unsere Eigenschaften in andere Menschen hinein, um erfahren zu können, wie sich diese außerhalb von uns anfühlen. Zum Beispiel: Wie fühle ich mich, wenn jemand anders geizig ist, wie sieht Geiz von außen aus? Dadurch können wir ganz neue Erfahrungen machen und werden zu einem stärkeren Austausch mit anderen Menschen angeregt. Schwierig wird es allerdings dann, wenn wir allem ein Wertesystem zugrunde legen und alles in »gut« oder »schlecht« einteilen.
Die Folge ist dann, daß die meisten Menschen bestimmte Eigenschaften, die als »schlecht« oder »böse« bezeichnet werden, nicht haben wollen. Da sich diese Eigenschaften aber nicht einfach abstellen lassen, lernen wir, sie zu verstecken.
In diese Konvention, nur gut sein zu dürfen und nur so, wie wir niemandem mißfallen oder Probleme machen, sind wir

hineingeboren worden. Auch unsere Eltern standen meist nicht zu ihren »schlechten« Eigenschaften. Sie verleugneten sie, zeigten sie nicht oder wollten sie uns anhängen. Sie brachten uns bei, daß wir nur liebenswert sind, wenn wir die von ihnen als »gut« bewerteten Eigenschaften zeigen. Natürlich lernten wir auf diese Weise sehr schnell, unsere Schatten – auch uns selbst gegenüber – zu verstecken und wurden böse auf uns oder andere, wenn doch etwas davon zu sehen war. Wir bekamen Angst, nicht mehr geliebt zu werden, wenn irgend etwas »Schlechtes« von uns bekannt würde. Unsere Kontakte wurden zwar sehr oberflächlich, machten uns so aber weniger Angst.

Es bedarf einer aktiven Anstrengung, um seine persönliche Wahrnehmung über jemanden nicht zu äußern, dennoch sind die meisten Menschen – selbst in Partnerschaften – bereit, dies zu tun und nicht zu sagen, was sie sehen, fühlen oder denken.

Auf diese Weise findet eine ganz natürliche Selbsterfahrung zwischen Menschen im normalen Leben nicht mehr statt!

Was haben wir zu lernen?

Zunächst einmal ist es wichtig, alles in uns zuzulassen und zu akzeptieren und uns zu erlauben, alles zu sein und zu leben (außer es widerspricht unserer *eigenen* Moral).

Zum Lernprozeß gehört außerdem, daß ich mir mein Sein in all seinen Facetten bewußtmache, und zwar im Moment, und nicht daß ich, wie ein Buchhalter, alle Eigenschaften und Verhaltensweisen »verbuche« und festschreibe. – Wir sind sehr wandelbare Wesen, wenn wir das zulassen.

Wieviel Freude und Spontaneität wird in Ihnen auftauchen,

wenn Sie Ihre Vielseitigkeit entdecken! Wieviel Kontrolle können Sie aufgeben, wenn Sie nicht mehr »gut« oder »besser« als andere sein müssen!
Jeder Mensch hat alle Eigenschaften, jeder lebt sie nur unterschiedlich aus, der eine mehr, der andere weniger. Wir alle sind geizig, aber auf anderen Gebieten und in unterschiedlicher Stärke. Für jeden ist es deshalb wichtig, seinen Geiz kennenzulernen: Wie fühlt es sich an, geizig zu sein? Darf ich geizig sein? Dürfen andere meinen Geiz sehen? Wo und wann bin ich geizig? Bin ich eventuell großzügig mit Dingen, aber geizig mit meinen Gefühlen? Seit wann kenne ich diese Eigenschaften von mir?
Die Tatsache, geizig zu sein, ist weder gut noch schlecht – manchmal erscheint es sogar sinnvoll, geizig zu sein, ein anderes Mal hingegen hat Geiz etwas Zerstörerisches. Das Ausleben dieser menschlichen Eigenschaft ist völlig in Ordnung, um Erfahrungen zu machen und uns dabei selber besser kennenzulernen.
Erlebt man diese Eigenschaften bewußt, muß man nicht unbedingt jahrelang an ihnen festhalten und immer wieder die gleichen Erfahrungen machen. Geben Sie sich deshalb die Erlaubnis, sich mit allem, was Sie sind zuzulassen und es in dem Maße auszuleben, wie Sie es in dem jeweiligen Moment in sich wahrnehmen – machen Sie nicht mehr daraus, aber auch nicht weniger! Und erlauben Sie sich, auch in dem gesehen zu werden. Stehen Sie wieder zu sich, Sie sind, so wie Sie sind, ein Mensch mit allen Eigenschaften und Facetten und **Sie sind liebenswert!** Sie haben ein Recht darauf, *so* angenommen und geliebt zu werden, wie Sie sind. Wo das nicht der Fall ist, kämpfen Sie darum.
Sobald Sie diese Schritte geschafft haben, eröffnen sich Ihnen neue Welten.
Denn erst jetzt werden Sie auch den Mut entwickeln, auch anderen Menschen Ihre Wahrheiten zu sagen. Damit helfen Sie auch anderen, aus ihrem Versteck herauszukommen. Vergessen Sie dabei nicht, daß es nicht darum geht, jeman-

den »gut« oder »schlecht« zu finden, sondern daß Ihre Wahrheit das Klima zwischen Ihnen beiden schafft, in dem Nähe und Liebe entstehen und wachsen können.
Den Lohn für Ihren Mut werden Sie täglich spüren. Sie werden sich nicht nur lebendiger und frischer fühlen, sondern die anderen Menschen rücken Ihnen näher, Ihr Kontakt zu anderen wird menschlicher und wärmer und Sie werden sich und andere immer mehr verstehen lernen.
Erfahren Sie, wie vielfältig Sie sind, halten Sie aber an keiner Eigenschaft dauerhaft fest, indem Sie ihr besondere Bedeutung beimessen.

Es ist weder gut noch schlecht, so oder so zu sein.

Lassen Sie sich anstecken, sich immer wieder aufs neue zu verwandeln. Sie brauchen keinen festen Charakter mit festgelegten Eigenschaften, sondern Sie können – wenn Sie das wollen – jederzeit anders sein. Dadurch werden Sie natürlich für andere unberechenbar, was wiederum zu deren Wachstum beiträgt.
Es ist herrlich, sich immer wieder anders zu erleben, statt wie ein festes Monument in der Welt zu stehen, das sich nicht mehr verrücken läßt.

Liebe Dich selbst,
dann wirst Du
jemanden finden,
der Dich ebenso liebt.

6. Schritt: Sich selbst (wieder) lieben lernen

Wie stehen Sie zu sich selbst? Können Sie sagen: »Ich liebe mich«?

Leider wurden die meisten von uns so erzogen, daß nur bestimmte Teile von uns liebenswert sind, insbesondere, wenn wir uns wohlverhielten, lieb und nett waren, erwünschte Leistungen erbrachten und uns an bestimmte Regeln hielten. Unsere Schattenseiten hingegen, die für unsere Eltern oft unüberwindbare Hindernisse darstellten, besonders im Teenageralter, wenn wir trotzig oder rebellisch reagierten, wurden abgelehnt und es hieß dann: »So mag ich dich nicht!« Aber auch andere Menschen in unserer Umgebung wie Lehrer, Verwandte und Freunde verhielten sich ähnlich.

Dadurch hat sich in vielen von uns die Überzeugung gefestigt, nicht als ganzer Mensch mit allen Licht- und Schattenseiten liebenswert zu sein.

Kaum jemand hat in seinem Elternhaus oder an anderen Orten die Erfahrung gemacht, daß er alle Seiten von sich zeigen kann und »trotzdem« geliebt wird. Vielen fehlt dadurch das Gefühl, richtig zu sein und das Urvertrauen, ohne Bedingungen und Regeln geliebt zu werden. Das Ergebnis: Wir können Kritik nicht vertragen und verstecken all das, von dem wir meinen, daß es anderen nicht gefallen könnte. Und: wir glauben, daß wir etwas tun müssen, um liebenswert zu *werden*.

Damit Sie mich nicht falsch verstehen. Ich meine nicht, daß man alles, was ein anderer Mensch ist oder tut (auch was Kinder betrifft), gutheißen soll. Ganz im Gegenteil: Ich finde es wichtig, dem anderen genau mitzuteilen, welche Eigenschaften und Verhaltensweisen man nicht mag, vielleicht sogar ablehnt. Doch sollte das nie ein Grund sein, dem

anderen die Liebe zu entziehen. Außerdem sollte man sich immer wieder klar machen, daß das, was wir an anderen nicht annehmen können, *unser* Problem ist. Meistens ist es sogar so, daß man genau das bei anderen ablehnt, was man bei sich selbst nicht wahrhaben oder akzeptieren will.
Irgendwann sind wir dann selber in der gleichen Art mit uns umgegangen. Wir verlangten von uns, gut oder perfekt zu sein und versuchten vor uns selbst und anderen alles auszublenden oder abzustellen, was unseren Ansprüchen nicht genügte. Viele verloren dabei den Blick für sich selbst und entfernten sich von ihrer eigenen Wahrheit oder entzogen sich nach und nach ihre Liebe.
Sich wieder annehmen und lieben zu lernen ist ein umfangreicher Lernprozeß.
Ich kann Ihnen an dieser Stelle einige Orientierungshilfen anbieten, die Sie in diesem Lernprozeß unterstützen können. Sehr hilfreich kann dazu auch eine Therapie sein.
Zuallererst ist es nötig, daß Sie sich Schritt für Schritt wieder zulassen, das heißt daß Sie sich erlauben, alle Gefühle, Gedanken und Meinungen wieder wahrzunehmen und zu zeigen, die in Ihnen sind. **Denn um etwas zu lieben, muß man es auch sehen können.**
Wenn Sie bisher gewohnt waren, nur die für Sie positiven Dinge auszudrücken, erfordert dieser Prozeß natürlich einigen Mut von Ihnen. Am leichtesten wird Ihnen das fallen, wenn Sie lernen, Ihre Gefühle, Gedanken, Eigenschaften, Verhaltensweisen nicht mehr in »gut« oder »schlecht« einzuteilen. – Auch das erfordert einige Mühe, da Sie etwas verlernen müssen, was Sie sich in Jahrzehnten angeeignet haben.
Hier ein Beispiel: Angenommen, Sie lieben sich nicht, weil Sie so unzuverlässig sind. Erkennen Sie zunächst, in welchen Gebieten Sie unzuverlässig sind. Sagen Sie sich dann: *Es ist weder gut noch schlecht* unzuverlässig zu sein, es behindert nur mein Leben. (Diesen Satz, »es ist weder gut noch schlecht«, sollten Sie möglichst bei allem anwenden, was Sie

bewerten wollen und solange, bis Ihr Drang, alles zu beurteilen, nachläßt).

Fragen Sie sich danach, ob Sie lernen wollen, zuverlässig zu sein. Wenn ja, ist es wichtig, die Wurzeln Ihrer Unzuverlässigkeit herauszufinden. Dazu ist es nötig, sich gewisse Fragen zu stellen, zum Beispiel: Wie bin ich erzogen worden? Konnte ich mich auf meine Eltern verlassen? Habe ich von ihnen gelernt, Dinge wichtig zu nehmen?

Welche Einstellungen fehlen mir, um zuverlässig zu sein? Welchen Gewinn bringt mir meine Unzuverlässigkeit?

Nur durch das Erkennen der Hintergründe Ihrer Unzuverlässigkeit können Sie die Lernschritte entdecken, die Sie machen müssen, um zuverlässig zu werden. Finden Sie heraus, daß Sie sich auf Ihre Eltern nie verlassen konnten, wissen Sie, daß Sie nie gelernt haben, zuverlässig zu sein. Sie können nun aufhören, sich Vorwürfe zu machen und anfangen zu lernen, zuverlässig zu sein.

Meist sind jedoch die Hintergründe komplexer und es braucht Zeit, sämtliche Aspekte zu beleuchten. Auch hier kann eine Therapie hilfreich sein.

Auf die gleiche Weise können Sie mit jeder Ihrer Schattenseiten umgehen, die Sie in Ihrem Leben nicht behalten wollen. Sicherlich wird es auch Schattenseiten geben, die Sie behalten wollen, weil Sie okay finden, daß sie da sind.

Im übrigen: Jede Eigenschaft oder Verhaltensweise ist eine Möglichkeit, mit der wir dem Leben begegnen können. Sie drückt jeweils die Vielfalt unseres Menschseins aus und will von uns erfahren – nicht bewertet – werden. Deswegen ist es auch so unsinnig, eine Eigenschaft oder Verhaltensweise als »positiv«, die andere als »negativ« zu bewerten. Das deutlichste Beispiel ist die Bewertung einer Tötung: Tötet jemand aus Eifersucht, ist er ein Mörder und verabscheuungswürdig, tötet jemand im Krieg einen Feind, ist er ein Held.

Jeder Mensch, der sich selbst erlauben kann, sich in seinem Verhalten und seinem Handeln zu erfahren, verändert sich

ganz von selbst in die Richtung von mehr Liebe und Offenheit. Denn sich liebevoll zu verhalten, fühlt sich lebendiger und weiter an, als lieblos zu sein.
Die Aufforderung oder der Zwang hingegen, uns nur so zu verhalten, wie es anderen Menschen gefällt oder wie sie es vertragen können, bringt uns dazu, unsere Schattenseiten mehr oder weniger zu verdrängen, das heißt in den Untergrund wandern zu lassen, so daß wir sie selber nicht mehr wahrnehmen. Dadurch fehlt uns die nötige Bewußtheit und Erfahrung über uns selbst und so bleiben wir an unseren Eigenschaften und Verhaltensweisen hängen – obwohl wir sie negativ bewerten. Und wehe jemand hat an uns etwas auszusetzen, das können wir überhaupt nicht vertragen!
Nehmen Sie sich Schritt für Schritt in allem an, was Sie sind und was Sie ausmacht, mit allen Macken, Fehlern und Verhaltensweisen.

Machen Sie sich immer wieder bewußt, daß Sie liebenswert sind, einfach weil Sie da sind. Es gibt absolut keinen Grund, sich nicht zu lieben!

Die nachfolgende Übung kann Sie in dem Prozeß, sich wieder anzunehmen und zu lieben, gut unterstützen.
Stellen Sie sich vor einen Spiegel und schauen Sie sich in die Augen. Sagen Sie zu der Person, die Sie im Spiegel sehen, mehrmals hintereinander (ca. 10 bis 15 Minuten)

Ich liebe mich und nehme mich an,
so, wie ich bin
und dann
Du liebst Dich und nimmst Dich an,
so, wie Du bist.

Was fühlen Sie dabei? Wie klingt Ihre Stimme? (Glaubhaft, unsicher?) Wie schaut die Person im Spiegel aus? (Skeptisch, zustimmend?)

Lassen Sie sich genügend Zeit für diese Übung und lieben Sie sich dafür, daß Sie sich mit sich selbst befassen.
Sollten Sie bemerken, daß Sie etwas gegen sich haben, finden Sie heraus, was Sie sich vorwerfen oder was Sie an sich ablehnen.
Gehen Sie dann damit in gleicher Weise um, wie in dem Beispiel in diesem Kapitel, oder lernen Sie die Eigenschaft oder Verhaltensweise anzunehmen, wenn Sie sie noch nicht ablegen wollen.
Machen Sie diese Übung immer wieder einmal – besonders in Zeiten, in denen Sie sich nicht annehmen oder lieben.
Zum Bekräftigen Ihres Lernprozesses können Sie die folgenden Worte mehrmals hintereinander laut oder leise zu sich sprechen. Sie sind sehr hilfreich und können, wenn Sie das zulassen, Ihr Herz erwärmen.

Nur wer sich selbst liebt und akzeptiert, ist offen für andere.

Ich werde daran arbeiten,
mich immer mehr zu lieben
und mich in dem, was mich ausmacht,
anzunehmen.

Ich bin bereit,
ab sofort
liebevoll mit mir umzugehen.

Ich weiß, wie wichtig es ist,
mich in allem, was ich bin und tue
zu sehen und anzuerkennen.

Ich bin ab sofort bereit,
mich alleine und
im Zusammenspiel mit anderen
zu erkennen und bestehen zu lassen.

Ich weiß,
je mehr ich mich sehe und annehme,
desto mehr werde ich mich lieben können.

In dem gleichen Maße
werde ich auch andere
sehen und lieben können.

Ich nehme meine Aufgabe
auf dieser Welt an,
mich und andere bedingungslos
lieben zu lernen.

Das ist mein Beitrag zum Frieden auf dieser Welt.

7. Schritt: Sich selbst verzeihen

Sprechen Sie die nachfolgenden Worte einige Male hintereinander – sowohl laut als auch leise. Erlauben Sie sich dabei alles zu fühlen, was sich in Ihnen »rührt« und genießen Sie den Kontakt zu sich selbst.

Ich verzeihe mir,
daß ich mich bisher
wenig oder gar nicht
geliebt und angenommen habe.

Ich verzeihe mir,
daß ich mich oft
nicht wichtig genommen habe.

Ich verzeihe mir,
daß ich mir oft keinen
oder wenig Wert gegeben habe.

Ich verzeihe mir,
daß ich mich immer wieder
versteckt und verstellt habe.

Ich verzeihe mir,
daß ich oft achtlos
mit mir umgegangen bin.

Ich verzeihe mir,
daß ich oft gefühllos und lieblos
mit mir umgegangen bin.

Ich verzeihe mir,
daß ich mich bisher
wenig oder gar nicht
geliebt und angenommen habe.

Lassen Sie es zu, daß Sie sich jedes Mal ein Stück mehr für sich erwärmen. Auch und gerade die Beziehung zu sich selbst braucht Zeit und Aufmerksamkeit. Geben Sie sich davon soviel Sie können. Es könnte Sie mehr berühren, wenn Sie diese Worte vor einem Spiegel sprechen und sich dabei in die Augen schauen. Vielleicht wollen Sie diese Worte auch an die Wand hängen, um sie zu verinnerlichen. Je öfter Sie mit diesen Worten umgehen, desto intensiver wird die Wirkung auf Sie sein. Beobachten Sie von Zeit zu Zeit, was durch die Worte in Ihnen passiert.

Die innere Stimme
ist die Sicherheit,
die jenseits
der Vernunft liegt.

8. Schritt: Auf die innere Stimme hören lernen

Fast jeder Mensch kennt seine innere Stimme und hat sich bewußt oder unbewußt schon oft nach ihr gerichtet. Obwohl die Botschaft der inneren Stimme manchmal ziemlich unlogisch erschien, stellte sich später doch heraus, daß sie richtig war.

Mir fällt dabei die Geschichte meines Großvaters ein, die mich als Kind sehr beeindruckte: Es war während des ersten Weltkrieges. Mein Großvater hatte während eines Kurzurlaubes geheiratet und mußte noch am selben Abend wieder zurück an die Front. Als er sich am Bahnhof von seiner Frau verabschiedete, setzte sich eine Mücke auf seinen Arm. Er sah sie, wollte sie gleich totschlagen, doch plötzlich hörte er seine innere Stimme sagen: »Laß sie.« Er ließ sich stechen. Er fuhr zurück an die Front. Aus dem Stich wurde eine Blutvergiftung, durch die er nicht ins Feld ziehen konnte. Seine ganze Einheit kam bei dieser Schlacht ums Leben – er war der einzige Überlebende.

Erinnern Sie sich auch an solche Situationen? Vielleicht fallen Ihnen auch eigene Erlebnisse ein, die durch Ihre innere Stimme eine andere Wende genommen haben?

Was aber hat nun die innere Stimme mit der Suche nach dem Seelenpartner zu tun? Sehr viel, denn neben vielen anderen Aufgaben – Schutz, Hilfe, Unterstützung usw. – kann sie uns zu unserem Seelenpartner führen, wenn wir auf sie hören. Daher ist es wichtig, mehr mit ihr in Kontakt zu kommen.

Zum Beispiel könnte es passieren, daß Ihre innere Stimme Sie auffordert, ein bestimmtes Lokal aufzusuchen oder einen bestimmten Freund zu besuchen, wo sich Ihr Seelenpartner gerade aufhält. Das passierte nämlich einer Teilneh-

merin nach einem meiner Seminare. Obwohl sie krank zu Hause lag, »drängte« sie ihre innere Stimme, ein bestimmtes Lokal aufzusuchen und dort zu essen. Da sie gewohnt war, auf ihre innere Stimme zu hören, machte sie sich – wenn auch widerwillig – auf den Weg. Als sie in dem Lokal ankam, sprach sie ihr Seelenpartner gleich in den ersten Minuten an. Es war genau der Mann, den sie vorher in ihrer Vision gesehen hatte.
Unsere innere Stimme ist unsere innere Weisheit. Sie hat die Aufgabe uns zu führen, zu bewahren, manchmal zu warnen und uns – neben anderen Kräften – den Weg zu weisen. Sie meldet sich meistens sehr leise und sanft. Sie macht sich unerwartet bemerkbar und hat oft eine für uns unlogisch erscheinende Botschaft. Meist ist sie von einem Gefühl begleitet, das nur kurze Zeit anhält.
Die innere Stimme erkennt man erst nach und nach und durch viel Übung. Man muß erst lernen, sie von Gedanken, Phantasien, inneren Impulsen und Intuition zu unterscheiden.
Daher ist es wichtig, daß wir uns immer wieder darauf konzentrieren, was in uns vorgeht, indem wir hinhören, nachspüren und uns bewußt machen, was sich in uns bemerkbar macht.
Ein sicheres Erkennungszeichen der inneren Stimme ist, wenn wir ihr nicht folgen, das unbestimmte Gefühl, etwas falsch gemacht zu haben. Folgen wir ihr hingegen, fühlt es sich »richtig« an.
Damit die innere Stimme deutlich oder deutlicher in Erscheinung tritt, ist es nötig, in ständigem Kontakt mit ihr zu sein und ihr möglichst immer zu folgen. Hören wir längere Zeit nicht auf sie, wird ihre Stimme immer schwächer und es kostet neue Mühe, sie wieder aufzuspüren.

Wie können Sie nun Ihre innere Stimme wieder zu Wort kommen lassen?

Wichtig dafür ist, daß Sie sich täglich etwa 15 Minuten Zeit nehmen und sich in dieser Zeit ganz auf sich selbst konzentrieren. Am besten setzen oder legen Sie sich still hin, oder gehen alleine an einem ruhigen Ort spazieren.
Richten Sie nun Ihre ganze Aufmerksamkeit auf Ihr Inneres. Lassen Sie alle Gedanken und Gefühle zu, ohne näher auf sie einzugehen. Nehmen Sie wahr, was Sie innerlich bewegt und erlauben Sie sich dabei, ganz zur Ruhe zu kommen.
Diese regelmäßige Konzentration auf Ihr Inneres wird Ihre Verbindung zu sich selbst stärken. Dadurch wird Ihre innere Stimme mehr Kraft bekommen, so daß Sie sie öfters wahrnehmen können. Wenn Sie ihr dann wirklich folgen, wird sie Ihr Leben und Ihre Weiterentwicklung unterstützen und Sie zu gegebener Zeit Ihrem Seelenpartner zuführen.

Ein JA
zu Ihrem Seelenpartner
ist ein JA
zu Ihrem Wachstumsprozeß.

Verbindung zum Seelenpartner herstellen

9. Schritt: Dem Seelenpartner in sich Raum schaffen

Erst wenn wir zulassen, daß es außerhalb unserer bisher bekannten Realitäten noch andere Realitäten gibt, können wir unsere Sichtweisen und damit unseren Lebensraum erweitern.
Der Seelenpartner ist möglicherweise bisher eine Ihnen unbekannte Realität. Jetzt gilt es, diese neue Realität in Ihrem Leben zuzulassen.
Dazu ist es notwendig, daß Sie Ihrem Seelenpartner Raum in sich geben, indem Sie die Möglichkeit seiner Existenz zulassen, um ihm in der äußeren Realität auch begegnen zu können. Indem wir neue innere Realitäten erschaffen, machen wir neue äußere Realitäten möglich. Das gilt zum Beispiel auch für technische Entwicklungen: Erst hat jemand eine Idee, dann wird sie real verwirklicht.

Wie können Sie diesen Raum in sich (er-)schaffen?

Es gibt viele Möglichkeiten: Indem Sie sich gedanklich mit Ihrem Seelenpartner beschäftigen, sich Vorstellungen von ihm machen, sich ausmalen, wie es ist, wenn er da ist – wobei Sie sich weniger an seinem Aussehen aufhalten sollten, sondern wie Sie sich mit ihm fühlen. Sie können mit ihm sprechen, ein Bild für ihn malen, Blumen für ihn an einen bestimmten Ort stellen, Sie können ihm auch einen

symbolischen Platz in Ihrer Wohnung einräumen, zum Beispiel ein Schrankfach usw. Spielen Sie mit Ihrer Phantasie und finden Sie heraus, was Sie brauchen, um Ihren Seelenpartner in sich lebendig werden zu lassen.
Diese Energie, die Sie darauf verwenden, sich mit Ihrem Seelenpartner zu beschäftigen, wird Ihren Seelenpartner auf jeden Fall erreichen, wenn auch nicht bewußt (seine Seele empfängt die Botschaft). Es wird ihn in Zukunft zu bestimmten Schritten »drängen«, die ihn näher in Ihre Richtung bringen werden. So wird er vielleicht eine andere Arbeit annehmen, plötzlich eine Reise unternehmen oder ähnliches. Es wird mehr Bewegung in sein Leben kommen und vielleicht wird er sich manchmal insgeheim darüber wundern, was alles mit ihm passiert. Aber auch in Ihr Leben wird mehr Bewegung kommen und auch Sie werden Schritte in seine Richtung machen.
Geben Sie Ihrem Seelenpartner soviel Raum und Energie, wie es für Sie stimmt, fixieren Sie sich jedoch nicht auf ihn, indem Sie auf ihn warten und dadurch Ihr übriges Leben und die Menschen, die darin vorkommen, vernachlässigen.

Sollten Sie Schwierigkeiten haben, an die Realität Ihres Seelenpartners zu glauben, bitte ich Sie, diese – für Sie – neue Realität nicht gleich zu verwerfen, sondern sie wenigstens als Möglichkeit in Ihnen bestehen zu lassen. Zum Beispiel hat kaum jemand vor der Erfindung des Flugzeugs daran glauben wollen, daß Menschen fliegen können.
Die Skeptiker bitte ich, ihre Skepsis einmal zur Seite zu legen und mit den von mir angebotenen Gedanken zu spielen und sich einmal vorzustellen: Was wäre, wenn?

Wer überhaupt nicht an einen Seelenpartner glauben will und auch nicht einmal die Möglichkeit bestehen lassen will, möge aus diesem Buch das schöpfen, was er für sich akzeptieren und nutzen kann. Ich hoffe, daß auch für ihn das Buch zu einem Gewinn für sein Leben wird.
Je weniger wir unsere Vorstellungen begrenzen und je stärker wir unsere Vorstellungskraft entwickeln, desto größer ist die Wahrscheinlichkeit, daß Neues in unser Leben treten kann.

10. Schritt: Die Sehnsucht nach dem Seelenpartner zulassen

Erlauben Sie sich nun als nächsten Schritt, Ihre bisherige ungestillte – vielleicht eher unterschwellige – Sehnsucht nach Ihrem richtigen Partner, von dem Sie jetzt wissen, daß es Ihr Seelenpartner ist, wieder deutlich wahrzunehmen, oder wenn Sie schon in Kontakt mit ihr sind, sie zu vergrößern.

Dafür ist es notwendig, daß Sie diese Sehnsucht wieder richtig fühlen. Erlauben Sie ihr so intensiv zu werden, daß Sie sie körperlich spüren. Lassen Sie auch alle anderen Gefühle zu, die mit der Sehnsucht hochkommen wollen. Vielleicht werden Ihnen in diesem Zusammenhang auch alte Enttäuschungen oder Schmerzen bewußt. Vielleicht packt Sie aber auch die Vorfreude oder Angst, diesem so heiß ersehnten Menschen zu begegnen, Angst nicht mehr von ihm wegzukommen oder daß es auch mit ihm wieder nicht »klappt«. Erlauben Sie sich das zu fühlen, was in Ihnen ist, ohne sich dabei zu beurteilen. Lassen Sie sich einfach von Ihren Gedanken und Gefühlen treiben. Es kann sein, daß Sie sich an dieser Stelle ehrlich eingestehen müssen, daß Sie schon seit Jahren die Erfüllung mit einem Partner vermissen und das bisher verdrängt haben.

Kommen Sie nach diesem inneren Prozeß wieder zu Ihrer Sehnsucht zurück und erlauben Sie ihr ab heute mit Ihnen zu sein; denn sie ist die treibende Kraft, die Sie zu Ihrem Seelenpartner führt.

Besonders wenn Sie auf dem Weg Ihrer Entwicklung Mut brauchen oder die Hoffnung verloren haben, Ihren Seelenpartner zu finden, ist es heilsam, die Sehnsucht wieder in sich wachzurufen. Sie ist das Licht auf Ihrem Weg.

Ich sehne mich
aus tiefster
Seele
nach meinem
Seelenpartner.

11. Schritt: Kontakt mit dem Seelenpartner aufnehmen

Durch unsere Gedanken, die eine bestimmte Schwingung haben, können wir wie ein Radio-Sender andere Menschen, auch wenn sie sehr weit weg sind, erreichen. Je nach der Sensibilität des Empfängers werden diese Gedanken (auch Gefühle) bewußt oder unbewußt empfangen.
Diese Kraft der Gedanken können Sie jetzt nutzen, um mit Ihrem Seelenpartner Kontakt aufzunehmen. Er empfängt die Botschaft jedoch nicht bewußt, sondern seine Seele. Sie können ihm jede Art von Gedanken schicken, mit ihm sprechen und ihn bitten, möglichst bald zu Ihnen zu kommen. Sie können ihm Dinge von sich erzählen, ihm Fragen stellen, was immer Sie wollen und wichtig finden.
Stellen Sie sich vor, wie er Ihre Botschaften empfängt und sich in ihm etwas Neues öffnet, wodurch er Zugang zu seiner Sehnsucht bekommt und sich dadurch in Ihre Richtung oder an einen bestimmten Ort treiben läßt.
Er muß merken, daß Sie da sind und mit ihm sein wollen!
Die Verbindung zu Ihrem Seelenpartner herzustellen, will natürlich geübt sein. Mit der Zeit können Sie für den Kontakt so feinfühlig werden, daß Ihr Seelenpartner Ihnen auch antwortet. Achten Sie auch bewußt auf Ihre Träume. Es könnte sein, daß Ihnen Ihr Seelenpartner bereits im Traum begegnet und mit Ihnen spricht. Es ist alles möglich.
Jede Energie, die Sie in Verbindung zu Ihrem Seelenpartner bringt, bereitet Ihre Begegnung vor.

12. Schritt: Die Vision finden

Jeder Mensch hat das Bild seines Seelenpartners in sich gespeichert. Je nachdem, ob Sie innere Bilder wahrnehmen können und zum jetzigen Zeitpunkt bereit sind, Ihren Seelenpartner zu sehen, können Sie die momentane Vision Ihres Seelenpartners in Ihr Bewußtsein rufen.
Für diesen Vorgang habe ich eine Übung entwickelt, die Sie allein oder mit anderen Menschen machen können. Sie finden sie am Ende dieses Kapitels.
Sie müssen das Bild Ihres Seelenpartners jedoch nicht unbedingt sehen, um ihn zu treffen, aber es kann Sie stark motivieren, sich auf diesen Menschen zuzubewegen.
Eine mögliche Falle ist dabei, daß Sie danach alle Ihre Energien in das Finden Ihres Seelenpartners stecken, statt in Ihre Entwicklung. Dabei verlieren Sie möglicherweise das Vertrauen, daß Ihr Seelenpartner schon zur richtigen Zeit kommen wird.
Am besten können Sie diese Falle vermeiden, wenn Sie diese Übung aus einem tiefen inneren Wunsch nach Kontakt mit Ihrem Seelenpartner machen und nicht, weil Sie sein Bild »haben« wollen.
Wichtig ist bei der folgenden Übung, daß Sie ehrlich mit sich sind. Lassen Sie die Bilder und Eindrücke wirklich aus Ihrem Bauch hochsteigen und phantasieren Sie sich nichts zusammen. Machen Sie nicht mehr aus dem, was Sie sehen. Seien Sie nicht frustriert, wenn Sie gar nichts oder wenig wahrnehmen. Sie können sicher sein, daß Sie genauso viel sehen, wie Sie bereit sind zu empfangen.
Lassen Sie mit der Vision alle Empfindungen und Bilder kommen, die mit Ihrem Seelenpartner zu tun haben, sei es, daß Sie seine Energie wahrnehmen, daß Sie seine Stimme hören oder ihn riechen, daß Sie den Platz sehen, wo er sich aufhält, oder Dinge sehen, die für ihn wichtig sind.

Achten Sie ganz besonders darauf, wie *Sie* sich mit ihm fühlen. Denn dieses Gefühl werden Sie empfinden, wenn Sie Ihrem Seelenpartner real begegnen. Es ist also Ihr sicheres Erkennungszeichen.
Freuen Sie sich über *jede* Wahrnehmung: seinen Gang, seine Gestalt, Dinge, die ihn ausmachen.
Diese Übung sollten Sie über einen längeren Zeitraum möglichst oft machen, um die Verbindung zu Ihrem Seelenpartner finden und ausbauen zu können. Sie müssen sich das so vorstellen: Jedes Mal, wenn Sie die Verbindung herstellen, ist das wie ein Pochen an seine Tür, irgendwann wird er Sie hören und sich angezogen fühlen.

Lesen Sie die ganze Anleitung durch, bevor Sie mit der Übung anfangen. Hilfreich könnte es sein, daß Sie sich den Text langsam auf eine Kassette sprechen, um sich während der Übung ganz Ihren inneren Bildern hingeben zu können. Ziehen Sie sich an einen ruhigen Ort zurück, an dem Sie die nächste halbe Stunde nicht gestört werden. Machen Sie es sich so gemütlich, wie Sie können. Geben Sie sich die innere Erlaubnis, wirklich Zeit zu haben.*
Lesen Sie nun die folgenden Affirmationen einige Male mit Gefühl und lassen Sie sie tief in sich eindringen.

Ich bin bereit, Dich zu sehen, egal wie Du aussehen magst, egal wie Du bist.

Ich öffne mich dafür, Dich zu sehen und Dein Bild zu empfangen.

Ich erlaube mir alles zu empfinden und zu fühlen, was in mir auftaucht.

*Eine bereits besprochene Kassette mit dem Titel »Die Vision des Seelenpartners« können Sie direkt bei der Autorin bestellen (siehe S. 138).

Nachdem die Affirmationen in Sie eingedrungen sind, geht es nun darum, sich vollständig zu entspannen. Legen oder setzen Sie sich an einen bequemen Ort. Beim Liegen kann man sich zwar tiefer entspannen, die Gefahr, daß man einschläft, ist jedoch größer. Wenn Sie das von sich kennen, sollten Sie sich lieber hinsetzen.

Konzentrieren Sie sich für ein paar Minuten auf Ihren Atem. Verfolgen Sie das Ein- und Ausatmen. Wo können Sie Ihren Atem spüren, wo nicht?
Nehmen Sie danach einen kräftigen Atemzug und atmen Sie ganz langsam wieder aus. Lassen Sie dabei alles los, was Sie im Moment belastet: Das können verschiedene Gedanken, Gefühle oder Anspannungen im Körper sein. Wiederholen Sie das, bis Sie alles losgelassen haben. Es ist hilfreich, sich dabei innerlich zu sagen: »Ich lasse alles los.«
Sobald Sie den Eindruck haben, daß Sie entspannt sind, begeben Sie sich in Ihrer Phantasie an einen wunderschönen Ort, es kann auch ein Ort sein, den Sie kennen (Gebirge, See, Meer). Genießen Sie die Schönheit dieses von Ihnen erwählten Ortes und spüren Sie seine Harmonie und Ruhe. Nehmen Sie diesen Ort mit all Ihren Sinnen wahr, spüren Sie den Wind in Ihren Haaren und die Sonne auf Ihrer Haut. Und kommen Sie immer mehr und tiefer zur Ruhe.
Sagen Sie sich mehrmals:
Ich bin jetzt in einem tieferen Bewußtsein.
Wiederholen Sie diesen Satz und spüren Sie seine Wirkung auf Sie.
Sobald Sie ganz tief entspannt sind, erlauben Sie sich, sich ganz zu öffnen:

Ich öffne jetzt mein Herz und meinen Verstand, jede Pore an meinem Körper ist offen.

Ich öffne mich jetzt für die Vision meines Seelenpartners.

Nun steigt das Bild meines Seelenpartners, das tief in mir vergraben ist, langsam in mir auf.

Seien Sie wachsam, aber forcieren Sie nichts!
Sie können sich vorstellen, daß Ihr Seelenpartner auf einem Bildschirm erscheint, oder daß er aus der Ferne auf Sie zukommt, wobei Sie immer mehr von ihm sehen, je näher er Ihnen kommt. Sie können aber auch ein Fernglas oder eine Kamera einsetzen, so wie es Ihnen behagt.
Sobald Sie ihn sehen, sagen Sie zu sich:

Ich sehe jetzt meinen Mann/meine Frau.

Was Sie sehen, das sehen Sie, fügen Sie jedoch nichts dazu. Setzen Sie alle Ihre Sinne ein und versuchen Sie alles wahrzunehmen, was Ihnen im jetzigen Moment möglich ist. Manche Menschen spüren auch nur die Energie Ihres Seelenpartners. Akzeptieren Sie möglichst alles, was Sie wahrnehmen.

Und wieder sind Sie einen Schritt weiter auf dem Weg zu Ihrem Seelenpartner.

Wo sich ein
Herzens-Wunsch
mit einem entschiedenen
Willen paart,
ist (fast) alles möglich.

Das Ziel bekräftigen

13. Schritt: Ich will meinen Seelenpartner treffen

Sie haben den tiefen Wunsch, Ihrem Seelenpartner zu begegnen und auch den (ungetrübten) Willen, dieses Ereignis für Sie Wirklichkeit werden zu lassen?
Und glauben Sie auch daran, daß *Sie* das verwirklichen können?

Wunsch, Wille und *Glaube* hängen eng zusammen.
Erst *wünschen* wir uns etwas, dann formiert sich unser *Wille,* der je nach der Intensität unseres Wunsches mehr oder weniger Kraft hat. Können wir zusätzlich noch an den Erfolg unseres Vorhabens *glauben,* steht uns für das Erreichen des jeweiligen Zieles viel Energie zur Verfügung. Sie kennen sicherlich das Sprichwort: Glaube versetzt Berge.
Können wir jedoch bezüglich unseres Wunsches nicht oder nicht ganz an den Erfolg glauben, weil uns Vorstellungen über uns und dem Leben im Wege stehen, ist unser Wille geschwächt oder blockiert. Das hat zur Folge, daß wir unser Ziel nicht oder nur ansatzweise erreichen, wofür viele Menschen dann ihr Schicksal verantwortlich machen.
Haben Sie zum Beispiel den Glauben: »Ich bin es nicht wert, meinen Seelenpartner zu treffen«, oder »Ich bin sicher nicht gut genug für ihn«, würden diese Glaubenssätze Ihren Willen so schwächen, daß er gar keine Durchsetzungskraft mehr hat. Sie wären dann bei jeder Schwierigkeit schnell entmutigt und resigniert.

Hinzu kommt noch, daß man natürlich in ein Vorhaben, an dessen Erfolg man nicht ganz glauben kann, auch nicht seine volle Energie gibt, so daß es möglicherweise auch an Ihrem Einsatz fehlen würde.
Doch *alles*, was gelingen soll, braucht unsere volle Energie. Es ist daher sehr wichtig für Sie herauszufinden, ob Sie verschiedene Glaubenssätze in sich haben, die dem Finden Ihres Seelenpartners entgegenstehen.

Für diesen Prozeß nehmen Sie am besten Papier und einen Stift und schreiben alles auf, was Ihnen zu diesem Thema einfällt. Finden Sie ganz genau heraus, was *in* Ihnen Ihrem Wunsch, Ihren Seelenpartner zu treffen, im Wege steht, denn diese Hindernisse könnten Sie von Ihrem Seelenpartner abhalten.
Es gibt viele mögliche Richtungen, in die Sie schauen können, um Ihre persönlichen Hindernisse zu entdecken.
Die nachfolgenden Beispiele wollen dazu nur einige Anregungen geben, können Ihnen jedoch nicht das Nachdenken abnehmen.

Mögliche Ängste:
»Ich finde ihn bestimmt nie.« »Vielleicht mag er mich gar nicht.« »Vielleicht komme ich aus dieser Beziehung nie mehr raus.«

Mögliche innere geistige Haltungen:
»Es dauert mir zu lange, mich auf meinen Seelenpartner vorzubereiten.« »Wenn er nicht schön genug ist, will ich ihn sowieso nicht.« »Ich habe keine Lust, mit einem Partner etwas zu lernen.«

Mögliche Lebenseinstellungen:
»Das Leben hat mir noch nie gegeben, was ich wollte.« »Es gibt keine Liebe im Leben.«

Mögliche Einstellungen zu sich selbst:
»Warum sollte gerade ich ihn finden?« »Mich wird nie jemand lieben.«

Nachdem jeder Mensch anders ist, hat auch jeder seine ganz persönlichen »Hürden« aufgebaut. Halten Sie sich deswegen auch nicht an meinen Beispielen auf, sondern suchen Sie nach *Ihren* Glaubenssätzen, die dem Finden Ihres Seelenpartners im Wege stehen.
Nehmen Sie sich wirklich Zeit und Muße, um alle Gedanken und Gefühle aufzuspüren, die Sie daran hindern könnten, Ihr Ziel mit möglichst viel Energie zu verfolgen. Am besten notieren Sie sich alles, so daß Sie gezielt daran arbeiten können.
Erkennen Sie, wie Sie sich mit Ihren Gedanken und Gefühlen begrenzen, und machen Sie sich ganz klar, daß Sie selbst sich diese Begrenzungen auferlegen, die meistens in der Wirklichkeit nicht existieren. Zum Beispiel: Wenn Ihre Aussage wäre: »Ich finde meinen Seelenpartner bestimmt nie«, dann würde dieser Satz aussagen, daß Sie in die Zukunft schauen können, was höchstwahrscheinlich nicht der Fall ist. Es ist also eine pure Behauptung, die jeder Realität entbehrt und darauf abzielt, Sie zu entmutigen.
Je mehr Bereitschaft Sie entwickeln, sich mit Ihren Hindernissen im einzelnen auseinanderzusetzen, desto klarer kann sich Ihr Wille, Ihren Seelenpartner zu treffen, formieren und Ihr Wunsch kann »wirklich« Wirklichkeit werden.

Für diejenigen, die Ihren Wunsch, Ihren Seelenpartner zu treffen, deutlicher spüren möchten, noch ein paar Gedanken: Erlauben Sie sich, Ihren Mangel an Liebe, Verstehen, Gleichklang, Harmonie, Freude, Berührung oder was Ihnen fehlt, zu spüren und gleichzeitig Ihre tiefe Sehnsucht nach der Erfüllung mit einem Partner. Wenn Sie wirklich zulas-

sen, diesen Mangel und Ihre tiefe Sehnsucht zu fühlen, wird in Ihnen ein starker Wunsch entstehen.
Sollten Sie weder einen Mangel noch die tiefe Sehnsucht empfinden, ist möglicherweise die Zeit noch nicht reif, Ihren Seelenpartner zu treffen. Behalten Sie dennoch im Auge, daß es Ihren Seelenpartner gibt und daß Sie ihn schon zur richtigen Zeit treffen werden – genau dann, wenn Ihr Wunsch groß genug ist.
Nachdem Sie sich mit Ihren Hindernissen intensiv befaßt haben, können Sie anhand der folgenden Fragen überprüfen, wie stark Ihr Wille schon ist. Wichtig ist dabei, daß Sie ehrlich und spontan antworten:

Habe ich den tiefen inneren Wunsch, meinen Seelenpartner zu treffen?
Glaube ich und vertraue ich innerlich darauf, daß *ich* meinen Seelenpartner finde?
Will ich wirklich meinen Seelenpartner in der Realität treffen?
Bin ich bereit, meinen mir zugedachten Seelenpartner anzunehmen und mit dem umzugehen, was durch unser Zusammenspiel von mir sichtbar wird?

Sollten Sie auch nur eine Frage mit »nein« beantwortet haben, nehmen Sie das als ein Zeichen, sich noch einmal mit Ihren inneren Hindernissen zu befassen.
Um Ihren Seelenpartner mit Freude erwarten zu können, brauchen Sie auch die Bereitschaft, ihn so anzunehmen, wie er ist und damit auch die Aufgaben, die durch Ihre gemeinsame Beziehung entstehen werden. Die letzte Frage ist deshalb auch sehr wichtig und verlangt nach einer klaren Haltung.

14. Schritt: Leitsätze auf dem Weg zu meinem Seelenpartner

Ich bin bereit, meinen Seelenpartner zu treffen – ohne auf ihn zu warten.

Ich bin bereit, auch andere Partner zu treffen und mit ihnen zu lernen, beziehungs- und liebesfähiger zu werden. Ich werde mir ganz bewußt machen, was ich bei ihnen zu lernen habe und mich diesem Lernen hingeben.

Ich weiß, daß mich jeder erfolgreiche Lernschritt meinem Seelenpartner einen Schritt näher bringt.

Ich vertraue Gott (oder einer Höheren Energie), daß er mir meinen Seelenpartner, wenn wir beide reif dafür sind, zuführt und bitte ihn von ganzem Herzen darum.

Diese Sätze können Sie darin unterstützen, die Haltungen wie zum Beispiel Gelassenheit, Vertrauen usw. einzunehmen, die Sie auf dem Weg zu Ihrem Seelenpartner gut gebrauchen können.
Sie können den Inhalt der Sätze tief in sich aufnehmen und sich davon berühren lassen, wenn Sie sie immer wieder langsam lesen oder auswendig aufsagen.

In keiner Beziehung
sind die Chancen so groß,
sich zu entwickeln,
wie in der
Seelenpartnerschaft.

Die Seelenpartnerschaft

Wenn Sie Ihren Seelenpartner endlich getroffen haben, sind Sie am Ziel Ihrer Suche angekommen. Lassen Sie sich auf diese Beziehung ein, empfinden Sie ein tiefes Gefühl von Zusammengehörigkeit und Vollständigkeit. Sie fühlen sich am richtigen Ort.

Um Ihnen ein Bild zu geben: Sie passen zusammen wie der Schlüssel ins Schloß – endlich geht die Tür auf. Diese Stimmigkeit ist auch für Außenstehende wahrzunehmen. Die Erschöpfung und die Frustrationen der letzten Jahre werden Ihnen bewußter und Sie beginnen sich zu entspannen. Sie wollen nichts anderes mehr als mit Ihrem Seelenpartner zusammensein, die Zusammengehörigkeit spüren und das totale Ja, das Sie füreinander haben. Hatten beide oder einer eher Schwierigkeiten, sich einzulassen auf einen Menschen, können sie das jetzt mit einer Leichtigkeit, die sie erstaunt. Beide erleben einen deutlichen Zuwachs an Freiheit in ihrem Sein. Jeder fühlt sich richtig.

Das Miteinander-sein-Wollen aktiviert große Kräfte in Ihnen. Auch Energien, die bisher durch Zweifel oder Unzufriedenheit bei anderen Partnerschaften oder durch die Partnersuche gebunden waren, stehen jetzt zur Verfügung. Beide spüren dadurch einen deutlichen Zuwachs an Energie, den sie auch für ihr gemeinsames Lernen und Wachsen brauchen.

Da beide (fast) perfekte Spiegel füreinander sind, ist natürlich jeder für den anderen eine große Lernchance. So deutlich kann man sich kaum bei einem anderen Menschen von außen sehen.

Jeder ist somit für den anderen die totale Aufforderung, in

den »Spiegel« zu schauen und sich mit dem zu konfrontieren, was er da sieht. Meistens sind es Eigenschaften und Verhaltensweisen, die jeder bei sich bisher nicht oder nicht ganz wahrhaben wollte, was streckenweise schmerzhaft sein kann, aber auch sehr befreiend ist.

Die Bereitschaft zu lernen und die anstehenden Probleme zu lösen, ist bei beiden Partnern sehr groß, wesentlich größer als in allen anderen Partnerschaften zuvor.

Nehmen beide die Herausforderung dieser Partnerschaft an, werden sie in einer atemberaubenden Schnelligkeit wachsen und sich von Altem lösen können.

Eine große Hilfe für diesen Lernprozeß ist die einfache und effektive Verständigung, die durch den Gleichklang ihrer Seelen herrührt und einen fließenden Austausch möglich macht. Dies zeigt sich auch bei anderen Gemeinsamkeiten wie reisen, arbeiten, Kinder aufziehen usw. Auch Probleme und Konflikte sind schneller »vom Tisch« als es beide vorher gewohnt waren.

Jeder der Partner ist bereit, den anderen in seinem Wachstum zu unterstützen, und das für den anderen und die Beziehung nötige und richtige zu tun. Das *wir* gewinnt an Bedeutung wie nie zuvor. Jeder trägt jeden, was beide stärkt und bereichert.

Beide ergänzen und vervollständigen sich in ihrem Sein. Es gibt immer mehr zu teilen. Die Beziehung wird nie langweilig.

Auf dem sicheren Boden dieser Beziehung, die die besten Bedingungen für das gemeinsame Wachstum mitbekommen hat, soll die Entwicklung von beiden Seelenpartnern beschleunigt werden.
Sie sollen mit all ihrer Liebe sich gegenseitig die Wunden ihrer Vergangenheit heilen und gemeinsam ihre alten Muster und Prägungen, die im Zusammenspiel deutlich sichtbar werden, abtragen. Das ist ein sehr wichtiger Prozeß, weil nur dadurch jeder von ihnen Zugang zu seinem inneren Wesen bekommt.
Durch diesen Prozeß wird sich auch ihre gemeinsame Beziehung sehr vertiefen und eine starke Bindung zwischen ihnen entstehen lassen, die großes Vertrauen zueinander auslöst.
Auf diesem Fundament der Liebe, des Vertrauens und der tiefen Bindung kann sowohl die Beziehung reifen und wachsen, als auch jeder Partner für sich. Jeder der Partner kann nun alles entwickeln und ausleben, was in ihm angelegt ist: alle inneren Gaben, Talente und Fähigkeiten, die er für sein Wachstum braucht. Dadurch wird er zu seiner inneren Harmonie finden und seiner höchsten Vollendung und Gott entgegenwachsen.
Beide Seelenpartner sollen Beispiel für ihre Mitmenschen sein. Ihre Liebe soll andere anstecken, auch die Liebe zu suchen. Ihr Licht und ihre Freude sollen sich ausbreiten, wo immer sie hinkommen. Sie sollen neue Formen des Zusammenlebens entwickeln und dieses Wissen in der Welt verbreiten. Für einige Seelenpartnerschaften ist vorgesehen, daß sie ein gemeinsames Werk in die Welt setzen.

Alles verblaßt,
was nicht
in Wandlung ist.

Schlußwort oder Die Kunst, eine Partnerschaft zu führen

Wollen wir, daß unsere Beziehungen mit der Zeit farbiger und lebendiger werden, ist es wichtig und nötig, daß wir uns gemeinsam mit unserem jeweiligen Partner die Haltungen und Einstellungen erarbeiten, die diese Wandlung möglich machen.

Das Wort er-arbeiten läßt schon die Tatsache erkennen, daß eine wandelbare Beziehung unter anderem auch Arbeit (Bewußtseins- Arbeit) bedeutet. Dafür brauchen beide Partner die Bereitschaft und das Ziel, miteinander zu lernen und mit diesem Prozeß »am Ball« zu bleiben.

Der Lohn dieser Orientierung ist die Liebe. Denn an den Orten, wo wir immer wieder aufs neue bereit sind zu erkennen, was uns jeweils innerlich vom Lieben abhält, wächst und gedeiht unsere Liebe.

Liebe kann dabei auch gleichzeitig der Maßstab sein. Lernen wir die »Lektionen«, die durch unseren Partner aufkommen, bleiben wir in Liebe zu ihm oder kehren immer wieder zu unserer Liebe zurück, sobald wir die notwendigen Erkenntnisse gewonnen haben. Wehren wir uns hingegen, uns im Zusammenspiel mit unserem Partner zu erkennen, etwa wenn ich nicht erkennen will, daß ich durch mein Mißtrauen den anderen immer wieder falsch sehe und mich dadurch verschließe, wird es mir immer schwerer fallen (bis ich es eines Tages nicht mehr schaffe), zur Liebe zurückzufinden.

Liebe ist eine große Kraft, aber ohne unser Lernen wird auch sie mit der Zeit verblassen.
Sobald Sie sich entschieden haben, sich in Ihrem Leben – und natürlich auch in Ihrer Partnerschaft – am Lernen und an der Liebe zu orientieren, haben Sie den Boden für alle weiteren Lernschritte geschaffen.
Mit meinem Mann war ich in den letzten Jahren sehr damit beschäftigt, die Haltungen und Einstellungen herauszufinden, die uns das gemeinsame Lernen erleichtern und unsere Liebe nicht gefährden, oder durch die wir immer wieder zu unserer Liebe zurückfinden können. Wir haben sehr viel gelernt und unsere Beziehung hat streckenweise eine Leichtigkeit, um die uns viele Menschen beneiden. Diese Zeit unseres aktiven Lernens war für uns beide nicht sehr einfach, aber sie hat sich gelohnt, denn wir lieben uns mehr denn je.
Durch diesen lebendigen Lernprozeß, in dem wir heute noch gemeinsam stehen, haben wir uns ein Wissen er-arbeitet, das ich gern an Sie weitergeben will.
Ich möchte Sie an unseren erarbeiteten Haltungen und Einstellungen teilhaben lassen und hoffe, Sie dadurch anregen zu können, sich die Haltungen und Einstellungen anzueignen, die Sie für nachahmenswert halten.

- Wir sind bereit, uns in allem zu zeigen, was in uns ist und uns der Auseinandersetzung darüber zu stellen.
- Wenn ich ein Problem mit meinem Mann habe, spreche ich (fast) immer *von mir*. Ich sage, was mir das Verhalten meines Mannes ausmacht, zum Beispiel daß es mich ärgert oder traurig macht. Dabei bin ich direkt und sage ehrlich, wie ich über dieses Verhalten denke, und wie ich ihn damit finde. – Wenn mein Mann deswegen ein Problem bekommt, ist es *sein* Problem. Wir reden erst dann über sein Problem, wenn ich mich ganz ausgedrückt habe.

Umgekehrt ist es natürlich das gleiche: Hat er mit mir ein Problem, reden wir zuerst über sein Problem und dann erst über das, was mir dabei ein Problem ist.
Am Ende einer jeden Auseinandersetzung halten wir fest, was jeder von uns gelernt hat oder noch lernen muß.

- Im Laufe unserer Beziehung haben wir herausgefunden, welche Haltungen uns bei einem solchen Gespräch im Wege stehen:

  tragisch sein

  gut sein wollen

  gewinnen wollen

  humorlos sein

  unverzeihlich sein

  nicht die Verantwortung für das eigene Problem übernehmen wollen

  nicht die Wahrheit zugeben wollen

  stolz sein

  nachtragend sein

  schicksalsgläubig sein

  den anderen abwerten

Es gibt natürlich noch viele andere störende Haltungen, doch die genannten scheinen mir am verbreitetsten zu sein.

- Schritt für Schritt haben wir uns gegenseitig geholfen, diese Haltungen abzubauen; zum Teil sind wir noch dabei. Inzwischen laufen unsere Auseinandersetzungen schon mit einer erstaunlichen Leichtigkeit und auch Schnelligkeit.
- Wir haben uns abgewöhnt, uns gegenseitig zu schonen,

oder uns krampfhaft positiv zu verhalten, weil das, was wir zurückhielten, sich doch irgendwann in irgendeiner Form Luft machte, sei es in einem ironischen Witz oder einer Stichelei.

- Unsere Beziehung ist zu einem dauerhaften Ringen um die Wahrheit geworden. Je ehrlicher wir miteinander umgehen, desto mehr lieben wir uns. Und diese Liebe ist auch ein stetiger Anreiz geworden, alles dafür zu tun, was in unseren Kräften steht.
- Wir haben gelernt, uns immer wieder gegenseitig zu verzeihen, um nicht weiter mit unseren Kränkungen und Schmerzen behaftet zu bleiben. Und genau durch dieses Verzeihen wächst unser Vertrauen zueinander. Wie groß die Krise auch sein mag, wir werden wieder zusammenfinden, auch wenn die Krise manchmal ziemlich lang andauert.
- Bei einer Auseinandersetzung bricht nicht mehr unsere Welt zusammen und erschüttert nicht mehr unser ganzes Glück. Sie macht uns vielmehr wachsam für neue Schritte, die anstehen und gemacht werden wollen.
- Jedem von uns ist es wichtig, daß er sich auch alleine für sich weiterentwickelt.
- Jeder von uns will in der Bindung zueinander sein, jedoch nicht dazu gezwungen werden. Jeder von uns will dabei ein freier Mensch bleiben.
- Wir sind bereit zu sehen, daß wir uns nicht alles gegenseitig erfüllen können, und daß wir noch andere Menschen zu unserem Glück brauchen. Wir leben deswegen gemeinsam in einer Gruppe, die auch die Orientierung am Lernen und an der Liebe hat. Dadurch ist es möglich, uns nicht als Paar zu isolieren, sondern auch für andere offen zu bleiben – und dennoch unsere Beziehung sehr wichtig zu nehmen.

  Jeder von uns hat ein Auge auf der Entwicklung des anderen und will, daß sich der andere voll entwickelt. Jeder hilft dem anderen, sich den Herausforderungen zu stellen, die der andere aus Angst oder Mutlosigkeit nicht annehmen würde.

- Unsere Liebe ist unser höchstes Gut. Wir tun alles dafür, um sie zu pflegen und zu vergrößern.

Würde mein Mann von dieser Orientierung abweichen, werde ich alles tun, was in meinen Kräften steht, um ihn an den Ort der Liebe zurückzuholen.

Vergessen Sie nie:

Eine Partnerschaft ist nicht etwas, das man auf Anhieb kann sondern eine gute Beziehung zu führen braucht große Bereitschaft, viel Übung und einen Partner, der auch lernen will.

Eine Partnerschaft ist kein Kinderspiel, aber je mehr wir die Qualitäten entwickeln, die uns eine Partnerschaft erleichtern und zu ihrem Blühen beitragen, um so mehr können unsere inneren Kinder mit ihrer Leichtigkeit und Freude herauskommen und die Beziehung spielerischer und spontaner gestalten helfen.

Begriffserklärungen

Einige Begriffe, die ich in den vorangegangenen Kapiteln verwendet habe, möchte ich gerne näher erklären, damit Sie die Bedeutung, wie ich sie verstehe, kennen.

Auseinandersetzung
Eine Auseinandersetzung ist ein sehr wichtiger Weg des Lernens. Es ist ein Bewußtseinserweiterungsprozeß, in dem manchmal innere Vorgänge mit Druck oder Gewalt in unser Bewußtsein gebracht werden.
Entweder setzt man sich mit einem Problem, das man selber hat, oder mit einem Partner auseinander, der ein Problem von uns oder von sich aufzeigt. Meistens geht dieses Problem beide Partner an und beide haben davon etwas zu lernen, und sei es nur, den anderen in seiner Problematik zu verstehen und zu akzeptieren.
Das Ziel einer Auseinandersetzung sollte das Lernen und nicht das Gewinnen sein.

Bindung
Es gibt nur eine wahre Bindung, die immer bestehen bleibt, und zwar die Bindung zu Gott, egal ob sie uns bewußt ist oder nicht.
Jede andere Bindung entspringt völlig unserem freien Willen, es liegt an uns, ob wir uns entscheiden, uns auf eine Bindung einzulassen oder nicht.

Bindung bedeutet die Bereitschaft, einen tiefen Kontakt mit einem anderen Menschen einzugehen und zu erlauben, daß Berührung stattfindet.
Bindung heißt: ein Stück Kontrolle aufgeben.
Bindung ist ein *JA* zu sich selbst: Ich darf alles sein, was ich bin, und ein *JA* zum anderen: Er darf mich sehen, wie ich wirklich bin – und auch er darf alles zeigen, was ihn ausmacht.
Bindung ist ein Wechselspiel: Wenn man eine Bindung eingeht, gibt man ein Stück Kontrolle auf und geht mehr Risiko ein. Wenn man merkt, daß die Bindung mehr Öffnung verträgt, wird die Bindung tiefer und dadurch noch mehr Risiko möglich.
Bindung ist ein Mehr an Freiheit, denn innerhalb der Bindung ist mehr Sein möglich, wodurch man Sicherheit erfährt.

Einlassen
Läßt man sich auf einen Partner ein, hört man auf zu suchen. Man erkennt an, daß man mit diesem Menschen sein will und sagt ja zu ihm. Sich einzulassen ist eine Entscheidung, aber auch ein Prozeß. Man macht zum Beispiel die Erfahrung, daß es in der Beziehung die Möglichkeit gibt, Tiefe zu erleben, gemeinsamen Interessen nachzugehen usw. Ist das etwas, was man erleben will, erzeugt es den Wunsch bleiben zu wollen. Dieser Wunsch wird durch die Erfahrungen immer stärker, wodurch man sich wieder stärker entscheidet. Einlassen ist wie ein Innehalten, etwas Neues kann geschehen. Im Einlassen liegt Verwandlung, wovor viele Menschen Angst haben.
Erst wenn man sich auf einen Menschen einläßt, wird man sichtbar.
Einlassen erzeugt Bindung.

Harmonie

Harmonie ist ein sehr strapazierter Begriff.

Harmonie ist ein Miteinander-Schwingen, wie zwei Töne, die zusammenpassen und wohlklingen.

Für diesen Zustand muß man bereit sein. Er ist um so leichter zu erreichen, je mehr Energie man hat. Harmonie entsteht, wenn zwei Menschen einen ähnlichen oder zusammenpassenden Rhythmus im Denken und Leben haben. Harmonie hat nichts mit der gefühlsmäßigen Beziehung zu tun.

Harmonie zwischen zwei Menschen schafft unkomplizierte Kontakte, die trotzdem viel vom Wesen des anderen erkennen lassen. Es ist ein Zustand, der uns Menschen in unserem Sein beflügelt, was nicht der Fall ist, wenn die Harmonie fehlt.

Harmonie kann man sich gemeinsam erarbeiten.

Hingabe

Hingabe ist eine Stufe mehr wie sich einlassen.

Hingabe setzt großes Vertrauen voraus. Sich hingeben heißt, die Kontrolle aufgeben. Das Ich-Denken hört auf und es entsteht ein Wir- oder Du-Denken. Es ist ein Da-sein für den anderen.

Jeder der Partner empfängt etwas vom anderen:

Die Frau vom Mann: Kraft, Stärke, Richtung.

Der Mann von der Frau: Weichheit, das Geben und die Intuition der Frau.

Hingabe ist ein wichtiges Mittel, um eine Beziehung wirklich zum Blühen zu bringen. Wenn man sich wirklich hin gibt, erhöht man seine Liebesfähigkeit.

Konflikt
Konflikt ist mehr als eine Auseinandersetzung, denn eine Auseinandersetzung kann man beschließen, ein Konflikt ist einfach da. Ein Konflikt entsteht zwischen zwei Menschen, wenn sie in einer bestimmten Weise aufeinandertreffen.
Aus einer inneren Notwendigkeit heraus »muß« man sich bei einem Konflikt auseinandersetzen.
Um einen Konflikt beenden zu können, muß man etwas zugeben und einsehen können.
Konflikte sind die besten Möglichkeiten, mit unseren unbewußten oder verdrängten Teilen in Verbindung zu treten. Gewöhnt man sich daran, aus Konflikten zu lernen, können sie als sehr positiv erlebt werden. Konfliktscheu entsteht aus einem permanenten Nicht-Lernen oder Nicht-Lernen-Wollen.

Kontakt
Kontakt ist Berührung – auf den verschiedensten Ebenen. Kontakt ohne Berührung gibt es nicht.
Man braucht Kontakt zu sich selbst, um mit einem anderen Menschen Kontakt herstellen zu können.
Kontakt ist die Begegnung mit einem Teil in uns oder mit einem Teil in einem anderen Menschen.
Je mehr Kontakt man zu sich selbst hat, um so reicher sind die Kontaktmöglichkeiten mit anderen und um so verschiedener und differenzierter kann er sein. Dann sind wir nicht auf eine bestimmte Form des Kontakts oder den Kontakt mit einem bestimmten Menschen festgelegt.
Kontakt beinhaltet in den meisten Fällen eine Veränderung. Wenn zwei Menschen Kontakt haben, ist einer, vielleicht auch beide hinterher verändert, zum Beispiel bewegt, traurig, begeistert usw. Kontakt hinterläßt Spuren.

Wenn keine Veränderung sichtbar oder fühlbar wird, hat wirklicher Kontakt gefehlt. Menschen, die die Berührung mit anderen fürchten, meiden Kontakt und wirken daher auch unlebendig.

Macht

Man kann Macht dazu benutzen, um Dinge zu kreieren, andere zu unterstützen, oder aber um andere zu manipulieren oder zu beschneiden. Die letztere Art der Macht wird immer aus Angst geboren.

Sie hat ihren Platz häufig in Beziehungen, wo man sie einsetzt, um zu kontrollieren und den anderen so zu beherrschen, so daß man mit seiner eigenen Problematik nicht konfrontiert wird.

Diese Macht führt ins Dunkel.

Macht hat keine Macht, wenn man sie ihr nicht gibt.

Zur Macht gehören immer zwei, einer, der die Macht ausübt und einer, der sie über sich ausüben läßt. Davon profitieren meistens beide, sie bekommen dadurch eine Art von Sicherheit, sie müssen nicht voll für ihr Leben Verantwortung übernehmen.

Das verbreitetste Macht- und Erziehungsmittel in Beziehungen ist, sich immer an bestimmten Punkten zu verschließen, wodurch dem anderen klar werden soll, was er zu tun oder zu lassen hat.

Macht ist ein Versuch, das Leben zu kontrollieren, das Resultat: ein kontrolliertes Leben.

Männlich/weiblich

Weiblich: umfassend, rund, bereit, gebend in alle Richtungen, schön.

Männlich: Richtung, Pfeil, Wille, Ja und Nein, Geschwindigkeit, Schönheit in der Struktur.

Diese Eigenschaften und Grundverhaltensweisen sind sowohl in Männern als auch in Frauen angelegt, müssen jedoch ausgefüllt werden. Sind diese Qualitäten in uns verschüttet, müssen wir sie wieder in uns entwickeln und sie bei uns unterstützen.
Jeder Mann hat sowohl eine männliche als auch eine weibliche Seite und jede Frau hat neben ihrer weiblichen auch eine männliche Seite. Das ist nötig und wichtig, damit beide getrennt lebensfähig sind.
Im Bereich des inneren Lernens übernehmen die Frauen den männlichen Part und Männer den weiblichen. Die Frauen bestimmen die Richtung und von ihnen geht die Aktivität aus, zum Beispiel sprechen sie ein Problem an. Männer lassen sich dazu meist verführen, sie halten inne, sie wollen gebeten und gelockt werden.

Problem
Ein Problem zeigt eine Unklarheit auf – man ist nicht mit allem im reinen, man ist nicht im Fluß.
Ein Problem zeigt auf, daß wir etwas nicht bewältigt haben. Es weist einen Teil von uns auf, dem wir nicht mit Ehrlichkeit begegnet sind. Ein Problem ist meistens eine Lüge.
Probleme entstehen dadurch, daß wir uns mit verschiedenen Dingen nicht auseinandersetzen und die nötigen Lernschritte auf die lange Bank schieben.

Ein Problem zeigt auf, wo Lernen nicht stattgefunden hat, wo wir möglicherweise das Lernen verweigert haben.
Durch ungelöste Probleme geraten wir in eine innere Disharmonie. Gegen diese Disharmonie wehrt sich unser Wesen, indem es die Probleme an die Oberfläche bringt, so daß die Umwelt immer häufiger auf diese Probleme reagiert. Je häufiger unsere eigenen Probleme von anderen angesprochen werden, um so deutlicher wird die eigene Unbewußtheit in diesem Punkt.
Je mehr Probleme jemand aufschiebt, desto weiter kommt er aus seiner Harmonie.
Ein Problem bleibt solange bestehen, bis man sich bewußt darüber ist, daß man ein Problem hat. Gesteht man sich dieses Problem ein, ist es meistens schon halb gelöst. Das Sicheingestehen eines Problems verlangt unsere schrankenlose Ehrlichkeit uns selbst und anderen gegenüber.
Indem man seine Probleme bewältigt, findet man wieder in seine Harmonie zurück, und der Bewußtseinsprozeß kann weiterschreiten.

Projektion
Projektion bedeutet, sich in anderen sehen.
In unserem Bewußtsein sind immer die Dinge, die uns angehen, Dinge, die gerade in uns sind. Etwas lebt in uns, das wir nicht wahrhaben wollen. Da das Thema in uns stattfindet, suchen wir es außen – und sei es nur, um andere Menschen abzulehnen.
Eine Projektion kann man erkennen,
wenn es einem wichtig erscheint, daß man selber nicht so ist,
wenn es uns sehr wichtig ist, gewisse Dinge beim anderen zu sehen,

wenn es uns was ausmacht, zum Beispiel ärgert, wie der andere ist.
Durch die Rücknahme der Projektion hat man ein gutes Werkzeug, um sich selber zu erkennen. Es verlangt Mut und Ehrlichkeit, die Projektion vor sich selber zuzugeben, denn man hat sie nie umsonst nach außen verlagert.
Je weiter man mit seiner Selbsterkenntnis ist, desto klarer kann man andere wahrnehmen, ohne zu projizieren.

Sex

Sex ist eine Energie, die entweder aus einer körperlichen Anziehung heraus geweckt wird, oder in einem tiefen geistigen und seelischen Austausch entsteht.
Kommt der Sex aus der ganzen Person (Körper, Geist, Seele), öffnet er die Wege zueinander. Sex braucht die Bereitschaft zum seelischen und geistigen Verschmelzen.
Sex bringt auch die Körperenergien zum Fließen und ist deswegen auch sehr heilsam für den Körper und die Seele.
Sex ist sehr wichtig, weil er Vertrauen schafft und die tiefe Verbindung zwischen zwei Menschen unterstützt. Sex macht auch das geistige und seelische Einlassen und Verschmelzen erlebbar.
Sex kann aber auch ein reines körperliches Vergnügen sein, doch kaum jemand fühlt sich davon wirklich innerlich bereichert.

Tiefe

Tiefe ist gelebte Wahrheit.

Tiefe zwischen zwei Menschen entsteht dann, wenn beide sich gegenseitig ehrlich die Gefühle und Gedanken mitteilen, die sie in ihrem Innersten berühren und bewegen.

Dazu braucht jeder den Bezug zu seiner inneren Wahrheit.

Tiefe schafft Vertrauen, wenn man das Gefühl hat, nichts mehr vor dem anderen verstecken zu müssen.

In einer tiefen Beziehung findet viel Verstehen statt, auch wenn man nicht mit allem einverstanden ist, was der andere von sich gibt.

Tiefe liegt oft im Klang eines Wortes, einer Geste oder in ausgesprochenen Gedanken.

Tiefe liegt auch im Über-sich-Hinausschauen.

Vertrauen

Vertrauen ist Wissen = Gewißheit, in was immer ich vertrauen möchte. Vertrauen braucht die Bereitschaft zu vertrauen. Ohne Vertrauen in uns (und unsere Intuition) ist Vertrauen zu anderen Menschen kaum möglich. Um Selbstvertrauen zu haben, braucht man Kontakt zu seiner inneren Wahrheit – ohne diese innere Wahrheit ist kein Vertrauen möglich. Der Boden für Vertrauen ist ein Gefühl für Wahrheit. Mißtrauische Menschen sind meist weit weg von ihrer inneren Wahrheit.

Vertrauen fängt da an, wo Berechnung aufhört.

Verschließen
Wenn man sich verschließt:
geht man innerlich weg,
unterbricht seinen Gefühlsfluß,
rückt ein Stück ab vom anderen,
zeigt sich nicht mehr nach außen oder
macht seine inneren Augen zu.
Man verschließt sich, um verschiedene Dinge nicht zu erleben oder zu fühlen, um die Wahrheit nicht an sich heranzulassen, um andere zu manipulieren oder aus Angst, sich nicht anders wehren zu können.
Verschließen zeigt immer eine Unfähigkeit, offen zu bleiben und sich auszudrücken.
Für denjenigen, der wenig Mittel kennt, sich auszudrücken, bleibt oft nur das Verschließen.
Wer sich verschließt, verschließt sich auch der Liebe. Verschließen macht einsam und erzeugt in einem das Gefühl, nicht geliebt zu werden.

Wachsen
Wachsen ist der einzige Sinn des Lebens.
Wachsen kann auf vielen Ebenen passieren und sollte auf allen Ebenen – körperlich, geistig, seelisch – stattfinden.
Die einzige wirkliche Vorwärtsbewegung ist Wachstum.
Der Weg zu Gott hin ist auch nur durch Wachstum möglich.
Wachsen heißt lernen als ganzes Wesen; heißt Grenzen überwinden, sich entwickeln, verändern, leben.
Liebe ist das Wachstumsmittel schlechthin, ohne Liebe ist kein Wachsen zum Licht (Gott) möglich.

Wahrheit

Wahrheit ist das, was die momentane Realität wirklich erfaßt – ein präzises Bild des momentanen Zustandes.

Wahrheit kann in Worten liegen, im Klang einer Stimme, in der Bewegung, im Ausdruck eines Gesichtes.

Es gibt immer eine Wahrheit und ihr kann man nahe kommen.

Das Gefühl, daß etwas wahr ist, entsteht dann, wenn das Bild der Wahrheit sich mit dem, was in uns schwingt, deckt.

Je näher jemand der Wahrheit kommt, um so wahrer fühlt es sich an, um so wahrer klingt es, was von ihm kommt.

Wahrheit hat viel mit Kontakt und Tiefe zu tun. Je wahrer der Kontakt ist, desto tiefer ist er auch.

Jeder Mensch hat eine Wahrheitsinstanz in sich, die es wieder zu beleben gilt.

Wahr sein ist wesentlich mehr als nicht zu lügen.

Die Kunst den richtigen Partner zu finden

Der Weg zum Seelenpartner – unter diesem Namen leitet Nina Larisch-Haider zusammen mit ihrem Mann Peter Larisch Wochenend-Seminare. Eine neue Gruppe *Das alte Mann-Frau-Spiel im neuen Licht* ist in Vorbereitung.

Wenden Sie sich für weitere Informationen an

Nina Larisch-Haider
Feldkirchener Straße 57
8013 Ottendichl-Haar
Tel. 089/46 85 65 oder 39 32 81

Die Kassette *Die Vision des Seelenpartners* können Sie ebenfalls unter gleicher Anschrift bestellen. Sie kostet DM 23.--.

Literaturverzeichnis

Alain, Emile A. Chartier: *Die Pflicht glücklich zu sein.* Frankfurt/M., 1982

Aruna/Schmidt, Christine/Riess, Barbara: ... *Und es herrschte Klarheit.* Nittendorf 1988

Burka, Christa Faye: *Vom Ich zum Licht.* München 1989

Carey, Ken: *Vision.* Planegg 1987

Coit, Lee: *Nach innen hören.* Gutach 1988

Davis, Bruce: *Das magische Kind in dir.* Planegg 1986

Dyer, Wayne W.: *Der wunde Punkt.* Reinbek 1980

Fensterheim, Herbert/Baer, Jean: *Sag nicht Ja, wenn du Nein sagen willst.* München 1989

Fromm, Erich: *Die Kunst des Liebens.* Stuttgart 1956

Gaylin, Williard: *Gefühle.* München 1988

Gawain, Shakti: *Leben im Licht.* München 1989

Golas, Thaddeus: *Der Erleuchtung ist es egal wie du sie erlangst.* Basel 1988

Jampolsky, Gerald G.: *Lieben heißt die Angst verlieren.* Glattbrugg 1987

Keyes, Ken jr.: *Das Leben genießen, trotz allem.* Glattbrugg 1987

Larisch-Haider, Nina: *Die Reise von Dick nach Schlank. Übergewicht als Chance.* Bielefeld 1989

Lazarus, Arnold A.: *Fallstricke der Liebe.* Stuttgart 1989[3]

Lazarus, Arnold A./Fay, Allen: *Ich kann, wenn ich will.* München 1985

Liedloff, Jean: *Auf der Suche nach dem verlorenen Glück.* München 1989[2]

Mary, Michael: *Wirklich Lieben.* Großensee 1988

Mulford, Prentice: *Unfug des Lebens und des Sterbens*. Frankfurt 1989[14]

Peck, M. Scott: *Der Wunderbare Weg*. München 1986

Ray, Sondra: *Kraft der Liebe*. Basel 1987

Schellenbaum, Peter: *Die Wunde der Ungeliebten*. München 1988

Schellenbaum, Peter: *Das Nein in der Liebe*. Stuttgart 1984

Smothermon, Ron: *Drehbuch 2 – Das Man/Frau Buch*. Bielefeld 1988

Smothermon, Ron: *Drehbuch für Meisterschaft im Leben*. Bielefeld 1986

Vissell, Barry/Vissell, Joyce: *Der gemeinsame Weg*. Südergellersen 1985

Wilde, Stuart: *Wunder 2. Die Kraft ohne Grenze*. Wessobrunn 1990

Persönliche Notizen

Persönliche Notizen